大正アナキストの夢

渡辺政太郎とその時代

多田茂治

皓星社

大正アナキストの夢　目次

初版　一九九二年、土筆社刊

大正アナキストの夢

序章

大正十二年の関東大震災の際、憲兵隊に虐殺された大杉栄・伊藤野枝夫妻の報復のため、翌十三年九月一日、アナキスト和田久太郎は同志の村木源次郎とともに立ちあがり、震災当時の戒厳司令官、福田雅太郎大将をピストルで狙撃して失敗、捕われて死刑の求刑を受けたが、判決を待つばかりだった十四年八月、市ヶ谷刑務所で書いた「後事頼み置く事ども」の中に、こんな一節がある。

僕はいま、渡辺の爺さんが死んだ時の光景が非常に心持ちよく眼に浮かぶ。あの朝は、棺桶をとりまいて皆んなで別れの革命歌を唱った。二人の人夫を頼んで来てそれをかついで貰ひ、皆んなは棺桶を取り囲み革命歌を唱ひながら、三河島の焼場までくり込んだ。僕は袢纏一枚で、物干竿に赤旗をくくりつけて先頭に歩いた。帰りは千住大橋まで船で帰ったが、船の中で大いに騒いで、久し振りに清遊をやらかした様に感じた。ああ、僕の時も、あんな風だと嬉しいがなあ――と思ふ。

九月十日の判決は、村木とともに無期懲役だったが、死刑の求刑を受けたとき、すでに死を覚悟していた久太郎は、独房の中で、多くの同志に暖かく見送られた渡辺の爺さん――渡辺政太郎――の葬式を、うらやましい思いで回想していた。

和田久太郎の盟友で、渡辺政太郎に深い影響を受けたアナキスト近藤憲二も、その著『一無政府主義者の回想』（昭和四十年、平凡社発行）のなかで、「渡辺さんの葬式ほど、同志愛に満ちた、おかしな言葉だが、なごやかな葬式は、その後も見たことがない」と書いている。

渡辺政太郎の葬式が、同志によって、このような思い出を残すにいたったのは、政太郎の誰にも愛された無垢な人柄と、明治・大正初期の社会主義運動・アナキズム運動のなかで、誠実な一兵卒として献身した生涯にあったと思われる。

渡辺政太郎が、結核からきた乾酪性肺炎で四十五年の生涯を閉じたのは、大正七年五月十七日のことだが、堺利彦主宰の雑誌『新社会』では、同年六月号に「渡辺政太郎君追想記」、七月号に「渡辺よせ鍋」と、二号にわたって追悼文を特集した。

堺利彦、高畠素之《たかばたけもとゆき》、江渡狄嶺《えとてきれい》、山川均《ひとし》、荒畑寒村、吉川守圀《もりくに》、近藤憲二、村木源次郎、和田久太郎などのほかに、政太郎の薫陶を受けた若い労働者たちも愛惜の文を寄せている。

そのなかで、「無邪気な笑ひ顔」と題する堺利彦の一文が、渡辺政太郎の四十五年の生涯の軌跡をよくとらえている。

私が渡辺君を知ってから十五、六年になる。其間渡辺君が職業らしい職業に就いてゐたのを見た事がない。つまり渡辺君は徹頭徹尾無職業の労働者であった。世間から見れば仕様のないナマケ者であった。

然るに我党の同志間に、何か問題があり、運動があると、渡辺君は大抵いつでも其の中心、或は裏面、或は椽の下で最も熱心に働いてゐた。

＊

渡辺君の住居はいつでも小さな狭い家、若《も》しくば部屋だった。然るに其家（若しくば部屋）は、いつでも同志の倶楽部、若しくば合宿所であった。

＊

我々の運動が如何に沈衰した時でも、渡辺君の周囲だけには必ず何か運動らしいものがあった。渡辺君は我党の一兵卒を以って自ら任じてゐたが、実はいつでも何事かの中心人物であった。

＊

渡辺君は随分よく慷慨もし激昂もした。演壇に立って、吶《ども》って物の言はれない様な事もあった。警察官などと衝突して、人にハラハラさせる様な事も屡々《しばしば》あった。

＊

然し渡辺君の面影の、今でも私の眼にチラつくのは、其の無邪気な笑ひ顔である。髪はのびて寝ぐせがついてゐる。髭は薄ぎたなくモジャモジャしてゐる。頬はこけてゐる。歯は抜けてゐる。それでゐて、其の笑ひ顔に何とも言はれぬ暖か味がある。平たい三角形の其眼の光が、遺憾なく其の善良な性質を露出するのであった。

軽妙な筆で、渡辺政太郎の風貌、運動上の位置が巧みに描出されているが、これに、政太郎の薫陶を受けた若い労働者たちの追悼文を重ねると、政太郎の人柄、果たした役割はさらに明らかとなろう。のちに高畠素之と行を共にして国家社会主義者となった北原龍雄は、葬儀のとき次のような弔辞を読んでいる。

渡辺のおぢさんがいよいよ死んだと聞いたとき、私は糸巻のことを思ひ出した。去年の冬、子供をつれて訪ねたとき、おぢさんは、何もオモチャがないね、これをあげるよといって、針箱のなかから赤い模様のついた紙の糸巻を探し出してくれた。なんといふ貧弱なオモチャだらう。死んだと聞いたとき、私はこの糸巻のことを思ひ出して、涙がにじんできた。

子供たちの顔を目の前にすれば、針仕事をして夫の活動を支えていた妻やよの針箱から探し出した赤い糸巻でも、オモチャ代りに与えずにはおれないような男であった。

さらに、追悼文の中から、大木雄三と山路信の文章を引用してみる。

「人」として　　　　　　大木雄三

たうとう渡辺さんは死んだ。あの優しい笑顔ももう見ることは出来なくなってしまったのだ。渡辺さんを知ったのは、去年の今頃だったから、まだ一年にしかならない。けれども渡辺さんは私には永久に忘れ難い人であらう。

あの人はよく「人」を理解して呉れた。定《きま》りきった私の議論にも相槌を打って呉れ、つまらない不幸にも心から同情して呉れた。それがみな真面目で、おそろしく正直であった。だから私は、自分の言ってる事に少しでも嘘が交ってはならないと、しょっちゅうそれを心に置いて物を言って居た。（後略）

あゝ渡辺さん　山路信

死ぬ二、三日前の朝、障子を一杯に開けさせ、床の上に寝たまゝ、哀へた手を伸ばして、深呼吸をした姿を思ひ出す。

どんなに生きたかったらうか。けれど、あの安らかな死顔は、何んの苦悶もなささうに見えた。いろんなことを教へてくれ、いろんな本を貸してくれ、私の友達のことまで、自分のことのやうに、親切にしてくれた渡辺さん。一緒に平民病院のビラを配りに行って、帰りに駒形の鰌《どじょう》汁《じる》を食って、夕焼の空を見乍《なが》ら歌ひ乍らかへった渡辺さんと私。

渡辺さんのやうな善い人に、もう再び逢ふことは出来ないと信じる。（後略）

筆者は、華やかな脚光を浴びたスターたちよりも、その陰にあって、名利を追わず、黙々と己れの職分を果たした「地の塩」のような人たちに、より心惹かれる。

幸徳秋水、堺利彦、片山潜、高畠素之、石川三四郎、大杉栄、山川均、荒畑寒村といった人たちは、日本の初期社会主義運動、アナキズム運動に於けるスターであり、その業績は広く世に知られているが、彼らのかたわらにあって、運動を地道に支えた渡辺政太郎のような人物、一兵卒は、世に知られるところ極めて少ない。

私が、渡辺政太郎の伝記を編み、その墓碑銘を刻みたいと志した所以である。

第一章

一　孤児とともに

渡辺政太郎は、明治六年（一八七三年）七月十七日、甲府に程近い山梨県中巨摩《なかこま》郡松島村（現在、甲斐市）で生まれたが、その青年時代の姿を書きとどめた一文がある。

のちに互いに肝胆相照らす仲となった「農の思想家」江渡狄嶺の従弟にあたる鳥谷部《とやべ》陽太郎が、著書『大正畸人伝』（大正十四年刊）のなかで、夏目漱石、大町桂月、山路愛山、宮武外骨、江渡狄嶺、矢島楫子《かじこ》などの知名人と一緒に渡辺政太郎もとりあげ、青年期の次のようなエピソードを紹介している。

渡辺さんの村に情死をした若い男女があった。なにせ田舎での、殊にその頃の事とて、其情死は非常な評判であった。そしてそれはやがて読み売りの唄の端《は》に上った。唄売り連は小さな紙に情死の唄を印刷して村から村へ人々の好奇心を唆《そそ》りながら売り歩いた。

ところが或る日、この唄売りが渡辺さんの村、即ち情死のあった村へやって来たのである。そして彼等が唄を流してその印刷物を売って歩かうとしてゐると、それを見付けた渡辺さんは彼等に云った。

「ねえ君、どうかこの村でだけは売り歩く事は止してくれないか。情死をした人達の近親の人々が、どんなに心を痛めてゐるか知れぬぢゃないか。それを考へてあげなくちゃいけないよ。然し君等も商売だらうから、ただ止めてくれと云ったのぢゃ無理だらう。それで俺はその歌本を全部買取らう。それなら君等にも不服はあるまい。ね、だから此村では唄ひ歩くことを止してくれ」

そしてその時五十銭より持ってゐなかった渡辺さんは、知人から一円五十銭を借りて、二円でその印刷物を全部買取った。

これが十七歳の時の渡辺さんのやった事である。

政太郎十七歳（数え年）の時といえば明治二十二年のことで、同年二月には大日本帝国憲法発布、翌年七月第一回総選挙、国会開設という大きな節目を迎えていた時代である。

明治十年代の半ば頃から、専制政府に楯突いた自由民権運動は激しく弾圧され、国会開設とともに、土佐派の首領、板垣退助たちが政府にとりこまれて、民権派は体制内に埋没しかけていたが、その頃巷間では、自由民権運動の流れを汲むオッペケペーなどの壮士節（書生節）や、それが変型して世情風俗を唄う演歌がはやっていた。演歌師たちは街角や村々で唄い、その唄本を一部一銭、二銭で売ることをなりわいとしていた。

その唄本を政太郎は買い占めたわけだが、当時の二円といえば、いまの四、五万円にも当ろうか。生半可な同情で出来る行為ではない。このエピソードは、他者の痛みも我が痛みとする政太郎の性情をよく物語っているし、やがてキリスト教、社会主義運動にのめり込んでいく精神的な基盤を示していると言えよう。

出身地の松島村は、いまは甲府市の近郊ですっかり都市化しているし、それに渡辺家は絶えているので血縁者の話は聞けないが、政太郎の祖父の代までは、農業と雑貨商を営み、村では裕福なほうだったと伝えられている。

政太郎は三男六女（うち女二人は幼いときに死去）の長男だが、祖父没後、父庄三が病弱で家運が傾いたため、明治二十年、数えの十五歳の時、軍港として開けていた横須賀の洗濯屋に丁稚奉公に出ている。横須賀で二年ほど働いたが、父の病状が悪化したため、一家の柱となるべく帰郷して、甲府紡績会社の職工になった。前述の唄本買い取りは、この頃の出来事である。

紡績会社で働くうち、劣悪な職場環境から結核にかかって二年で退職、一応回復したところで理髪職人の修業をして、村で床屋を開いた。二十六年末には父が病死して家督を継ぎ、母と六人の弟妹を扶養する立場に立たされた。

折から巷では、

〽日清談判破裂して　品川乗り出す東艦《あずまかん》
西郷死すも彼がため　大久保殺すも彼がため
遺恨重なるチャンチャン坊主……

最後に、欣舞、欣舞、欣舞、欣舞……と囃言葉がつく清国軽侮の欣舞節《きんぶぶし》がはやり、好戦気分をあおっていた。それまで曲りなりにも、多年にわたる農村疲弊を救うことが先決問題だとして、「民力休養」の旗印を掲げ、軍事力増強に消極的だった自由党などの民党も、時代の風に吹かれて「対外硬」に転じていた。

そうした時代の風潮になにか心せかれるものがあったのだろうか、日清戦争の前夜、政太郎は家族のしがらみを振り切って上京した。

このため、一家は離散に近い状態になり、母よねは幼少の子供たちを連れて、妹よしの嫁ぎ先である静岡県富士郡大宮町（現在、富士宮市）の若林家に身を寄せた。

政太郎の母よねとよしは双生児で、よしの娘が後年、政太郎の妻となるやよである。やよは明治六年八月六日の生まれなので、政太郎とはほとんど同時期に生まれた極めて身近かないとこ同士だった。

上京した政太郎は、二六新聞の配達をしながら、商業学校入学をめざして予備校に通ったが、いかに生きるべきか、次第に青春の煩悶が深まった。いつも弱者の側に身を寄せたがる彼の性向は、立身出世主義にはどうしてもなじめなかったろう。

それに、彼が上京して間もなく日清戦争が始まり、世間は戦時気分が溢れていた。絵草紙屋には色摺りの戦争版画が溢れ、かつて「自由童子」と称して自由民権思想を鼓吹し、官吏侮辱罪などで検挙されること百七十回と自慢していたオッペケペー節の川上音二郎も、抜け目なく時局に便乗して、浅草座で「壮絶快絶日清戦争」などという芝居を演じて人気をとっていたし、のちに痛烈な反体制の歌を唄った演歌師添田啞蟬坊も、この時期、「突貫武士」といった好戦的な演歌を作って戦意をあおっていた。

そんな風潮のなかで、いかに生きるべきか思い悩んだ政太郎は、神田美土代町の基督教青年会館に設けられていた煩悶引受所の門を叩き、キリスト教にふれて、ようやく心の飢えを満たされ、人生の指針も得た。熱心なキリスト教徒となった政太郎は、やがて生来の子供好き、温かい人柄を見込まれて、明治三十一年の初め、岐阜の濃飛育児院に派遣されることになった。

この濃飛育児院は、死者九千六百人を出した明治二十四年十月の濃飛（当時は濃飛、現在は濃尾と表記される）大地震の翌年、孤児救済のため設けられたものだが、とかく問題の多い施設だったようで、正義感の強い政太郎は、結局、院長の五十嵐喜広と衝突して、一年半ほどで東京へ舞い戻ってしまった。不正に対しては、のちに堺利彦が『新社会』の政太郎追悼文に書いたように「随分よく慷慨もし激昂もする」男だった。

この濃飛育児院については、政太郎がやめて三年ほど経ってのことだが、明治三十五年、片山潜主宰の月刊誌『社会主義』が七回にわたって、「濃飛育児院の大罪悪」と題するキャンペーン記事を連載し、「濃飛育児院旧顧問、井上橘平氏の実歴談」と題して、五十嵐喜広院長一派を、「吾人の憎む所は、善美な仮面を被り、所謂狼が衣を着て社会を欺瞞して私利私欲を擅《ほしいまま》にするの罪悪を憎むのである」などと激しく糾弾している。（註、井上橘平という人はクリスチャンで、濃飛育児院の生みの親であり、開設当時は武儀《むぎ》郡関町町長だった）

この当時、波辺政太郎は片山潜に私淑していたので、あるいは政太郎の内部告発に端を発したキャンペーンだったかもしれない。

そんな内部事情で、一年半ほどの勤務で終わったが、濃飛育児院で不幸な孤児たちと深く接した体験は、政太郎のその後の生き方に決定的な影響を与えている。孤児たちに象徴される人生の悲惨、孤児院を通して見た社会の歪みが、彼の生き方を決める核となった。

その生き方に、新しい方向を与えたのは、明治三十二年七月九日、神田美土代町の基督教青年会館で開かれた活版工懇話会主催の労働問題演説会だった。この演説会で、政太郎は初めて片山潜の演説を聞き、社会主義に開眼している。

渡辺政太郎にとって記念すべき日となったこの日の演説会については、片山潜・西川光二郎共著の『日本の労働運動』（明治三十四年五月初版）に詳述されているが、それによれば、このとき日本の労働運動史上特筆されるべき、次のような論戦が行なわれた。

この日の弁士は桑田熊蔵（改良主義）、高野房太郎（日本の労働運動の方針）、片山潜（調和主義と社会主義）、金井延（社会主義を駁す）、島田三郎（工業家の責任）、神保院長［編注、鈴木篤三郎］（労働と赤痢）の六氏なりき。

爰《ここ》に此の演説会に就き一言し置かざるべからざることあり。夫《それ》は当日、桑田、金井氏等と片山氏等との間に意見の衝突ありしことにして、此の衝突は当時ありし労働運動上の二潮流と、今日以後にもあるべき二潮流とを現はす者なるを以て、左に少しく両者の論点を記さん。（後略）

片山潜と論戦を交えた桑田熊蔵、金井延は、明治三十年四月、東京帝大教授グループと政府官僚グループによって結成された日本社会政策学会の中心的メンバーだった。

桑田熊蔵はヨーロッパ留学から帰国したばかりの気鋭の帝大講師で、最初に演壇に立って労資協調を主張したが、片山潜は反論して言った。「労働と資本の調和は必要だが、しかしながら、今日の調和は真の調和ではない。主人と奴隷の関係にすぎない。真正の調和をするには、労働者の立場をもっと強化しなければならない。そのためには組合も必要であり、同盟罷工も必要である」と。

このあと帝大教授金井延が立って、片山潜を激しく批判したのである。金井はのちに日露開戦の際、開戦を強く主張した《東京帝大七博士》のひとりになっている。

帝大の先生二人に挟撃された片山潜は、旗色が悪く見えたことだろうが、この論戦は問題の本質を明らかにした。政太郎はおそらく、豊富な学識をひけらかす学者の弁よりも、敬虔なキリスト者でありながら、「たとえ教会から絶縁されても労働運動に挺身する」と決意した片山潜の岡山なまりの真率な弁に、より多くの真実を嗅ぎとったに違いない。

片山潜は、安政六年（一八五九年）、岡山県の生まれで、政太郎よりも十四歳年長。明治十七年、二十五歳のとき渡米して苦学、グリンネル大学大学院、エール大学神学部を卒業して、二十九年一月帰国、翌三十年、神田三崎町に一戸を借りて、社会改良事業を目的とした「キングスレー館」を開設、幼稚園、店員英語学校、渡米協会を営むとともに、三十一年十月には、安部磯雄、村井知至《ともよし》、幸徳秋水たちと社会主義研究会をつくって活動していた。この社会主義研究会は、三十三年一月、間口を広げて社会主義協会に発展するが、当時の社会状勢を、石川三四郎編『日本社会主義史』は次のように記している。

日清戦争終結を告げて、社会運動の舞台は開かれぬ。曰く企業熱の勃興、曰く大工場の新建設、賃金労働者の激増、而して曰く軍備拡張、曰く租税増徴、曰く物価の騰貴、曰く細民労働者の困窮、労働問題は世に喧伝せらるるに至れり、社会問題は識者の意を注ぐ所となれり。

渡辺政太郎はこの頃、明治二十九年八月の三陸津波で親や家を失なった孤児たちを救済するために、牛込原町に設立された東京孤児院の院友となり、院主北川波津《はつ》、幹事桂木頼千代の苦心の経営を助けていたが、この孤児院に、従妹の若林やよを大宮町の実家から呼び寄せた。

政太郎と同い歳のやよはすでに二十代半ばを過ぎていたが、まだ結婚していなかった。やよの父定之丈の死後、家を継いだ兄の市介は、大工の棟梁として暮らしに困るようなことはなかったし、やよは小柄ながら健康で、心やさしく、器量も十人並み、縁談はあっただろうが、早くから政太郎と心の結びつきがあったのか、政太郎に誘われるまま上京した。

やよは働き者で、炊事洗濯はもとより、裁縫にすぐれていたので、孤児たちの衣服のつくろいはお手のものだった。

この孤児院で「同労」（労苦を同じくする同志）の日々を重ねるうち、お互いの信頼と愛情は、さらに深まり、二人は夫婦生活にはいった。挙式もなく、北川院主や桂木幹事から祝福を受けただけだった。入籍もしなかった。そして生涯その状態は続いた。

双方の母親が双生児で極めて血が近い。それに、政太郎の仕事はほとんど奉仕活動で、収入らしい収入もない。ほかにも入籍を阻む周囲の事情があったかもしれないが、深い信頼に結ばれ、生きがいをみつけて新しい地平に立った二人にとって、もはや世俗の形式などどうでもよかったのではないだろうか。

仲のいい兄妹にも似た二人の新婚生活は、常に孤児たちにとりまかれた東京孤児院の一室で始まった。堺利彦が追悼文に書いたように、後年、渡辺家はいつも同志たちの倶楽部であり合宿所であったが、その公私へだてのない暮らしぶりは、新婚当初から始まっていたと言えるし、やよもよくその暮らしに耐え抜いた。

二　天間《てんま》の平民床《へいみんどこ》

いわゆる東京帝大七博士が対露強硬策を東京朝日新聞に公表したり、頭山満、佐々友房ら国粋主義者が対露同志会を結成して、ロシアの満州撤兵を要求したりして、日露の風雲急を告げていた明治三十六年夏、渡辺政太郎夫婦は、富士山を真近かに仰ぐ静岡県富士郡吉原町（現在、富士市）に転居した。北川波津の紹介で、吉原町の魚屋に生まれた渡辺代吉がこの年六月に創設したばかりの富士育児院を手伝うためだった。

渡辺代吉は政太郎と同姓だが、親戚関係はない。三歳年長の代吉もクリスチャンで、それにつながる縁もあったが、吉原移住には家庭的な事情もあった。家郷を離れる際、政太郎は吉原町に程近い大宮町のやよの実家に、母よねと幼少の弟妹を預けていたが、それを引き取るためでもあった。

渡辺代吉の富士育児院創設については、『静岡県富士郡誌』に、こんな記述がある。

——代吉は逆境に育ち、十五歳のとき仏門に入り、日蓮宗総本山久遠寺《くおんじ》の僧日海に師事、富士山麓の白糸の滝で荒行を積んで、終生筆が執れないほど腕を痛めた。その後、加持祈禱を業として各地を巡歴したが、明治二十九年、横浜で米人宣教師バラーと出会ってキリスト教に入信、貧家の子女や孤児を救済する志を立てて、富士育児院を創設した。

この富士育児院は、社会福祉法人「芙蓉会」（児童養護施設）として現在も残っているが、『富士郡誌』にも、芙蓉会の記録にも、渡辺政太郎の名は出てこない。代吉と経営の意見を異にして一年ほどでやめてしまったためだろうが、この育児院の創設期に、濃飛育児院以来の経験と、孤児救済に情熱を持つ政太郎が、代吉の片腕となったことはまちがいない。

しかし、当時、孤児院の経営は容易なことではなかった。国や地方自治体から補助金が出るような時代ではない。有志の善意に頼るとともに、みずから自活の道を講ずるほかなかった。

そのため、代吉は、行商部を設けて、孤児をひきつれて化粧品の行商を始めたりしたが、政太郎はそうしたやり方に批判的だったのだろう。双方とも、頑固な求道者タイプだったし、折り合えぬまま一年ほどで袂を分ったのだろうが、政太郎と一緒に東京から同行した原子基《はらこもとい》はそのまま育児院に残ったし、政太郎も代吉との交友を続けてはいた。

キリスト教から社会主義へ、政太郎と同じ道を歩んだ原子基は、明治十三年、弘前の下級士族の生まれである。弘前教会で受洗して、二十歳の頃、青雲の志を抱いて上京したが、その際、親がわりとなって育てていた二人の妹、ヒサと八千代（盲目）を弘前教会の世話で東京孤児院に預けたことから、政太郎夫婦と親密になり、政太郎夫婦が富士育児院に赴く際、行を共にしたのであった。

富士育児院をやめた政太郎は、東京へは帰らず、やよの実家に程近い大宮町山本に移り住んで、数反歩の山畑を借り、百姓を始めた。

この大宮町の百姓時代、渡辺政太郎の名が初めて社会主義文献に現われる。日露戦争さなかの三十七年六月十九日付けの「週刊平民新聞」の地方通信欄に次のような投稿が載った。

社会主義日曜講話会発会式（駿州大宮町）

今の世の中で粟粒ほどでも気概のある人は黙して居られないと見え、本月五日の晩、大宮町字山本と云ふ一寒村に住んで居る我党の一人渡辺政太郎氏が、農業の余暇を以て主義の伝道を為さんと標題の如き会を開くこととなった。それで自分も主義を同じうする処から手伝に行った。丁度所有の幻燈を携へ、社会画数十枚を映して平生の主義を主張した。当地は彼の有名なる富士製紙会社第二工場の近傍なりしかば、当夜集る人々は職工あり、役員あり、小作人あり、児童あり、誠に愉快の集りなりき。（吉原町　原子基）

富士育児院に残った同志原子基の投稿である。狭いわが家に人を集めて熱心に主義を説くのが政太郎の生涯を貫く運動の基本的なパターンだが、この日曜講話会はその第一歩ともいえるものだった。

同年八月下旬には、東海道遊説中の平民社幹部西川光二郎が吉原町を訪ね、政太郎がその世話をしている。「週刊平民新聞」に連載された西川光二郎の「東海道遊説」にこう記されている。

二十七日朝九時、興津停車場にて深尾（韶《あきら》）君と分れ、当吉原町へ参り、同志渡辺政太郎君に案内されて富士育児院の楼上に腰を据ゑ申候。午後当地の有志内田氏来談、同氏は渡辺政太郎君・渡辺代吉君等と共に今回の開会に就き大に尽力されたる一人にて候が、

（中略）

夜七時半より東座に於て開会、聴衆は百三十余名にして町民の外附近村落の人々も混り居り候ひき、渡辺政太郎君開会の辞を述べ呉れ、小生続いて一時間半ばかり演説仕り候。（後略）

この西川光二郎を迎えた演説会のあと間もなく、台風による豪雨で、政太郎が汗水たらして開墾したばかりの山畑は無惨に洗い流されてしまった。この災厄で政太郎は百姓を断念して、大宮街道沿いの鷹岡《たかおか》村天間《てんま》（現在、富士市）に移り、「平民床」を開業した。

隣り部落の入山瀬《いりやまぜ》には、富士製紙の第一工場が出来て労働者が増えていたし、それを狙っての「平民床」だった。店には平民新聞や社会主義のパンフレット類を置き、労働者に限って料金を割引きした。そして、客の頭を刈り、剃刀をあてながら、社会主義の理想を説き、戦争の非を論じてやまない店主だった。

この「平民床」についても、原子基が「週刊平民新聞」廃刊後の後継誌『直言』の三十八年四月

十三日号に投書している。

富士川の南、鈴川駅（現在、吉原駅）から二里の天間といふ田舎に、仙人の様な床屋がある。「労働者神聖也」の扁額を看板にして、労働者の為なら八銭の斬髪料を五銭にまけて、新聞を呉れて本を貸して、おまけに熱誠な談話をして聴かせる。

青年会の演説があれば、彼は雄弁なる弁士として、滔々経済を論じ出すのである。富士製紙会社のアーク燈が輝きそむる夕まぐれ、裾野の道を逍遥した人は、屢々彼が「社会主義の檄」を配りつゝ通りすがりの労働者を慰めて居るのを見たであらう。

彼は今、そが最愛の妻と共に、有てる総《すべ》てを社会主義のために捧げて働いて居る。予は彼が如何にして食ひ得るかを危ぶむのだ。あゝ敬虔なる彼れ富士平民の父よ。彼れが今企てつゝある労働者無料休憩所の一日も早く成功せんことを予は祈りて止まぬのである。

彼は正直なる基督信者である。彼の歴史は悲惨に満ちて居る。彼の弟は今横須賀に在って同志の一人である。

彼とは誰ぞ。深尾韶君と予と静岡三人組を作れる渡辺政太郎君其人也。

静岡三人組のひとり深尾韶は、原子基と同年の明治十三年、静岡の旧旗本屋敷の生まれで、郷里や北海道で小学校の教師を勤めるうち、幸徳秋水や堺利彦の非戦論に共鳴して社会主義運動に加わった。この当時は、富士川町の富士川小学校で教鞭をとっていた。

天間の渡辺政太郎、吉原町の原子基、富士川町の深尾韶と、同地域に住む三人が静岡三人組を組んだわけだが、やがてこの静岡三人組は社会主義伝道行商と取り組むことになった。

これより前の、初期社会主義運動に若々しい光彩を添えた伝道行商の創始者は、当時まだ二十三、四歳の青年だった小田頼造（号、野声）である。小田は、日露戦争が始まって間もない三十七年三月、社会主義関係の文献を積んだ赤い箱車を曳いて千葉県下を回り、伝道行商の先鞭をつけた。

この小田の伝道行商に、同じ山口県出身で同年輩の山口義三（孤剣）が共鳴して、東京から山口県の下関（山口義三の故郷）まで徒歩三百里の伝道行商を思いたった。

平民社発行の啓蒙宣伝用冊子――平民社同人編『社会主義入門』十銭、ベラミー著、堺枯川抄訳『百年後の新社会』五銭、石川旭山著『消費組合の話』十二銭、田添鉄二著『経済進化論』十五銭、西川光二郎著『土地国有論』十銭、木下尚江著『小説火の柱』三十五銭などを定価の半額で仕入れ、それを道々売って旅費を稼ぎながらの体当り旅行だった。

この伝道行商の精神については「週刊平民新聞」三十七年七月十七日号にこんな記述が見える。

　耶蘇基督天国の福音を宣伝せしめんが為に其十二使徒を各地に遣す時、之に論して曰く、汝等金銀貨幣を貯へ帯ぶる勿れ、旅行の鞄、着替の着物、はき替の靴、一本のステッキだに帯ぶる勿れ、働く者は当然其食物を得べければなり。

この基督教的伝道精神にのっとった小田と山口は、三十七年十月五日、宣伝物を満載した赤い箱車にこうもり傘二本をくくりつけただけの着たきり雀で、有楽町の平民社を発ち、道々行商しながら、十月二十一日、吉原町にたどり着いた。その伝道行商日記——

十月二十一日

快晴、朝起きて見ると昨夜の二人の労働者は二時頃出立してゐない。道行く人は失業者ばかりで東京に大阪に職業を捜しに行くのである。吉原の黒河内医院に車を預けて天間の渡辺政太郎君を訪ふた。渡辺君は理髪業者で熱心な社会主義者だ。平民新聞や「社会主義の檄」が店に備付けてあって、労働者には特別廉価に散髪して居る。其の店の名は平民床。

十月二十三日には、小田、山口を迎えた静岡三人組が、入山瀬の富士製紙会社前の裾野座で社会主義演説会を開いたが、政太郎が開会の辞を始めたとたん、妨害の激しいヤジが飛んだ。さらに山口孤剣が演説を始めると、暴漢が演壇に駈けあがって突き落とそうとする騒ぎになり、駐在所から巡査が駈けつけ、演説会は中止に追い込まれた。「この暴漢どもはみな富士製紙会社に雇はれてをる博徒で、彼等を引率して来た男は会社で巾利《はば》きの慶応義塾卒業生といふことだ」と行商日記は記している。

おそらくこの富士製紙お抱えの暴漢たちと同じだったろうが、演説会から間もない一夜、天間の「平民床」は闇にまぎれた男たちの襲撃を受けた。

「国賊をぶっ殺せ！」

そんな叫び声とともに、石つぶてが飛んできて、雨戸がバリバリ音をたてた。だが、政太郎もやよもひるまなかった。イエスの受難にくらべれば、なにほどのことがあろうと、泰然と座して、闇にまぎれて蠢動する暴漢たちをにらみすえていた。その無言の抵抗に、暴漢たちは勝手が違ったのか、やがて捨てぜりふを残して引き揚げていった。

山口、小田の伝道行商に共鳴した静岡三人組も伝道行商を計画することになった。奉天大会戦の勝利で日本中が湧きたっていた三十八年三月、静岡三人組は、山口・小田組とコースを逆にとって、北海道をめざして出発する計画を立てたが、政太郎は参加を断念せざるを得なかった。原子と深尾はまだ独身で身軽だが、政太郎は家族を養う責任があり、しかも母よねは病床にあった。それに、原子、深尾が旅先で困窮すれば、応援の資を送る後方任務もあった。

原子と深尾は、三月三十一日朝、東海道線鈴川駅から政太郎たち同志に見送られて上京し、平民社で堺利彦たちと伝道行商の相談をしたところ、若冠十八歳の荒畑勝三（寒村）がひとりで東北・北海道行商に向かう準備を進めていることがわかったため、予定を変えて、甲州街道沿いに、甲府、松本、長野、直江津コースをとることになった。

四月十日、静岡組は赤い箱車を曳いて有楽町の平民社を勇躍出発したが、十三日、府中で早くも検束され、車は積荷もろとも三十日間警察署に領置されることになり、十四日には悄然と平民社へ舞い戻った。

一方、単身で東北方面へ向かった十八歳の荒畑勝三は、たえず尾行巡査につきまとわれて妨害を受けながら、それをはねつけ、ともかく水戸まで三十九日間の行商を続けている。政太郎を欠いた静岡組が弱腰だった感は否めない。

政太郎は日露戦後の三十九年春まで、天間で「平民床」を続けたが、その間、社会主義運動とともに、天間の近くの岩松村岩本の日本基督教会岩本講議所に夫婦そろって出入りする熱心なキリスト信徒でもあった。

この岩本講議所は、明治十年、横浜の遊女となった同村出身の女性の縁で、横浜共立女子神学校の初代校長ミセス・ピアソンが来村して伝道したのをきっかけにつくられたもので、現在も日本基督教団岩本教会として残っている。

その教会日誌によると、政太郎の妻やよは、三十八年四月三十日、ほか三名の信者とともに同教会で、三島から出張してきた三浦牧師によって洗礼を受けている。

政太郎にとって、キリスト教と社会主義は理想社会をつくる車の両輪として受けとめられ、矛盾するところはなかったようだ。

日露戦争のさなか、反戦を叫ぶキリスト者は、社会主義者とともに、戦争熱にうかされた民衆から、「非国民!」と罵られ、石を投げつけられる存在だった。

第二章

一　ヨカヨカ飴屋

日露戦争後の明治三十九年春、政太郎夫婦は母たちを妻やよの実家の若林家に託して、再び東京へ戻ることになった。

そのきっかけとなったのは、政太郎と親しかった東京孤児院の幹事、桂木頼千代の早すぎた死去だった。

桂木は、奈良春日神社の神官の家の生まれだが、長じてキリスト教徒となり、「非孤児院」を理想とする北川波津の片腕となって、孤児の保育に献身してきた。彼はまた足尾鉱毒被災地の救援にも力を尽くし、日露開戦に際しては、『東京孤児院月報』(明治三十七年三月十五日付)に、真っ向から戦争を批判する一文「戦争と慈善」を書くような、勇気あるヒューマニストだった。不幸にも胸を病み、一時は政太郎の世話で富士山麓に転地療養したこともあったが、療養むなしく、明治三十八年九月、まだ二十八歳の若さで世を去った。東京孤児院の創設期、三度の食事もままならず、納豆の行商をしなければならなかった辛苦に、心身をすりへらしての若死にだったと言える。

その桂木頼千代の遺志を継ぐべく、政太郎夫婦は東京へ戻り、東京孤児院(明治四十年、東京育成園と改称)の事業を助けることになったのだった。

折から社会主義運動は、戦後の新しい潮流のなかで昂揚期を迎えていた。

日露戦争は約二十億円の戦費を要したが、その戦費は増税と国債発行でまかなわれ、インフレーションを招いていた。しかも、戦勝はしたものの、賠償金は得られなかったため、産業ブルジョアジーから勤労大衆にいたるまで、政府批判の声が昂まったのである。

アメリカのポーツマスで日露講和条約が調印された九月五日には、河野広中、頭山満などの国家主義者が主唱する講和反対国民大会が東京の日比谷公園で開かれ、気勢をあげた群衆がその勢いで、首相官邸、交番、徳富蘇峰の「国民新聞」などの御用新聞社を焼打ちする事件が起きた。暮れの十二月二十一日には、桂太郎の桂軍閥内閣が総辞職に追い込まれ、翌三十九年一月七日、第一次西園寺内閣が成立した。

この西園寺公望を首班とする新内閣は、桂内閣と違って、社会主義運動に対して、ある程度、運動の自由と合法性を認めようとしたので、ようやく日本の社会主義運動は公然と動き始めた。

平民社はすでに解散していたが、三十八年十一月、西川光二郎、山口義三たちが機関誌『光』を、木下尚江、石川三四郎たちが『新紀元』を発刊して、競合しながら、運動を進めていたし、『光』派は、三十九年一月、日本平民党を結成した。続いて、堺利彦、深尾韶の発起で日本社会党が結成され、この両党は、二月二十四日、合同大会を開き、「本党は国法の範囲内に於いて社会主義を主張す」といった党則をつくって届け出、それが認められて、ここに日本で初めて合法的な社会主義政党が誕生した。

こうして生まれた日本社会党が、直ちに着手した大衆運動は、東京市街鉄道（市電）の運賃値上げ反対運動だった。当時、東京の市電は、街鉄、東電、外濠という三民間会社によって運営されていたが、三社共謀して、運賃を三銭から五銭に値上げしようとしていたからである。

日本社会党は、三月十一日と十五日の両日、日比谷公園で運賃値上げを阻止する市民大会を開いたが、その十五日には警官隊と衝突して、西川光二郎、深尾韶、山口義三、大杉栄など党員十名と参加者十一名が凶徒聚衆罪で捕まり、起訴された。

渡辺政太郎夫婦が東京へ戻ってきたのは、そうした騒ぎのさなかだった。

党員十名が起訴された際、堺利彦は機関誌『光』に、「日本社会党に餞《はなむけ》す」という一文を書いて党員を鼓舞したが、そのなかにこんな一節がある。


　更に進んで試みに汝の党員なる者を検せよ。人力車夫あり、ヨカヨカ飴屋あり、職工あり、書生あり、失業者あり、居候あり、兵卒あり、小作人あり、郵便局員あり、而して其数未だ千にだも達せざるに非ずや。之を貧弱と評せずして将何《はた》とかいはんや。


むろん堺は、そうした職業の人たちを貶《おとし》めているのではない。彼はこの文中、かつての維新の志士、豪農、豪商らによって組織され、自由民権を唱えていた自由党や改進党が、いまや財閥と組んだ一団の紳士閥になり果てた例を挙げ、「社会党は即ち平民党なり、労働党なり、少数の人に率ゐらるる政党にあらずして、多数が自ら起つの政党なり」と、社会党の本質を明らかにしている。

この堺の文中にある「ヨカヨカ飴屋」は、たぶん渡辺政太郎のことであろう。

東京へ戻った政太郎夫婦は、とりあえず青山南町へ移転していた東京孤児院の一隅に仮り住居をして活動を始めたが、生計の資を得るため、院の仕事のかたわら、「ヨカヨカ飴屋」と呼ばれる子供相手の大道飴売りを始めていた。

この頃の政太郎の交友関係をしのばせる写真が一枚残されている。昭和三十一年刊行の『唖蟬坊流生記』の口絵写真に出ているもので、「明治三十九年秋、戸山ヶ原の運動会」とある。

東京の戸山ヶ原で開いた運動会――（社会主義の宣伝を兼ねた懇親会）――の記念写真だが、二十数人、多彩な顔が並んでいる。

堺利彦・為子夫妻、添田唖蟬坊・タケ子夫妻、幸徳秋水夫人千代子、西川光二郎夫人文子などとともに、自由民権運動や明治十八年の大阪事件にかかわってから、「東洋のジャンヌ・ダルク」と謳われるようになった福田（旧姓、景山）英子《ひでこ》もいる。坊主頭に口髭のいかつい男は、長篇小説『大菩薩峠』の構想を練りつつあった中里介山であり、また週刊『直言』に寄稿していた詩人画家竹久夢二のやさしい顔も見える。坐っている夢二のマントには、唖蟬坊のひとり息子の知道がくるまって、ちょこんと幼ない顔を出している。

そして、政太郎夫婦もいる。政太郎は後列左端に、いかにも世話役といった姿でひかえ、小柄な妻やよは大柄な福田英子の斜めうしろに小さく立っている。政太郎夫婦と福田英子の親交は長く続いたが、このころ親しくなったものと思われる。

この日の主役は堺利彦であったろうが、お人よしで世話好きのヨカヨカ飴屋は、運動会の一番の働き手だったに違いない。

二　終生の肩書

〽ああ金の世や金の世や
地獄の沙汰も金次第
笑ふも金よ泣くも金
…………

日露戦後、添田唖蟬坊のこの「ああ金の世」が大流行したが、銀行の支払い停止が起こったり、労働争議が激増したり、世の中はただならぬ様相を呈していた。

足尾銅山、浦賀ドック、別子銅山などでも大争議が相次いで起こったが、社会主義運動はまだ労働者階級にほとんど影響力を持ち得ていなかったし、その上、早くも分裂の動きが始まった。

三十九年六月末にアメリカから帰国した幸徳秋水が、神田の錦輝館で開かれた帰国歓迎演説会で、「世界革命運動の潮流」と題して、普通選挙による議会主義に疑問を投げかけ、さらに、「日刊平民新聞」四十年二月五日号に、論文「余が思想の変化」を発表、明快に議会主義を否定して直接行動を主張するに及んで、普通選挙による議会主義の立場をとる堺利彦、片山潜、西川光二郎たちとの対立が深まった。

当時の状況を、山川均が『自伝』で次のように書いている。

四十年の秋ごろまでは、あの百人町の幸徳さんの家の、空地をへだてた大きなムクかケヤキの大木の見えるエンガワで、幸徳と堺の二人が議論するのをよく聞いた。二人の議論は、議会政策か直接行動かという運動方針の範囲にとどまることはできないで、もっと基本的な問題、とくに国家論まで進んでいた。このへんまでくると、幸徳の無政府主義と堺のマルクス派的な社会主義とが鋭利に対立し、二人の議論はしだいにハサミ状にはなれてゆくばかりで、歩みよりの余地はなく、もはや「党員の随意問題とす」といったような便利な妥協点を考え出すことはできなかった。

一兵卒の渡辺政太郎も、否応なくその分裂に巻き込まれるが、彼はこのとき片山潜、西川光二郎一派と行動を共にすることになった。思想的な親近感を片山たちに持ったのだろうが、これまでの人間関係により多く左右されたとも考えられる。

この普通選挙を求める議会政策派と議会主義否定の直接行動派の対立は、四十年二月十七日、神田の錦輝館で開かれた日本社会党の第二回大会で火花を散らした。

普通選挙運動や非軍備主義運動を党員の随意とする妥協的な評議員会案（執行部案）に対し、議会政策派の田添鉄二と、直接行動派の幸徳秋水から、それぞれ修正案が出され、激しい論戦が展開された。採決の結果、やっと執行部案におちついたが、その内部分裂に乗ずるようにして、五日後の二月二十二日には、日本社会党は「社会の安寧秩序に妨害あり」として結社禁止になり、四月には、「日刊平民新聞」も廃刊に追い込まれてしまった。

そこで、片山派は、六月に「週刊社会新聞」を創刊して、八月には社会主義同志会を結成したが、渡辺政太郎はこれに所属している。この頃から、政太郎は演説会の演壇にも立つようになった。四十年十月三十一日夜には、東京府渋谷《しぶや》村宮益坂下の池田兵右衛門宅で開かれた演説会で、政太郎は、片山潜、西川光二郎、田添鉄二、赤羽巌穴《あかばねがんけつ》たち社会主義同志会の幹部とともに演壇に立って、「孤児院事業経営の苦心」を語っている。

なお、この夜の聴衆は七十数名だったが、臨監巡査は制服と角袖（私服）合わせて二十余名と、「社会新聞」に記録されている。当時、議会政策の片山派は「軟派」と呼ばれていたが、その「軟派」の演説会すら、そんなものものしい監視下にあった。

十一月下旬には、政太郎は酷寒の冬が迫る北海道へ旅立った。

静岡三人組の仲間、原子基と深尾韶は、伝道行商に失敗したあと北海道へ渡り、小樽の碧川企救男《みどりかわきくお》、大滝由太郎など同志の世話で、尻別山麓の虻田《あぶた》郡真狩《まつかり》村八ノ原（現在、留寿都《るすつ》村）の荒野十一町余を借りて、新しい生活共同体の夢を託した「平民農場」を開いていたが、深尾は胸を病んでまもなく東京へ引き揚げ、そのあと、地元の協力者を得て頑張っていた原子も、遂に力尽きて、「平民農場」はその短かい歴史を閉じることになってしまった。政太郎は、その農場処分の立会人に選ばれて、北海道まで出かけることになったのである。

旅立つ前、「社会新聞」編集部で開かれた送別会で、政太郎はこう挨拶した。

「社会主義は自分が死ぬまでの肩書で、万国の労働者よ団結せよといふ言葉は、自分の生涯の精神です」

この日の宣言を、政太郎は終生裏切らなかった。

初めて北海道の土を踏んだ政太郎は、原子基を助けて「平民農場」の始末をすませて帰京の途についたが、青森で、折から東北・北海道方面を遊説中の西川光二郎、添田唖蝉坊と出会い、飛び入りで演説会の演壇に立っている。「社会新聞」に連載された西川光二郎の遊説日記によると、

十二月十一日、午前中、市内の有志を訪問して読者たらしめんと奔走し、午後、山田氏に案内されて蜆貝町を訪、当市の貧民生活を研究せんとてなり。夜六時半より青港館に演説会を開会する。来会者百余名、聴衆中には市内の中産者多かりき。添田君「何故に困るものが殖えるか」について演説し、停車場にて演説会のあることを知りたりとて馳けつけたる渡辺政太郎氏又一場の感話を為し、（後略）

いかにも政太郎らしい奮戦ぶりだが、四十一年二月、彼が所属する社会主義同志会（片山派）は内部分裂を迎えた。

事の起こりは、片山潜と、幹部の赤羽巌穴、松崎源吉たちとの間に、思想的な対立が生じたのに加えて、金銭的なトラブルがあったためだが、西川光二郎夫人の西川文子はその自伝『平民社の女』のなかで次のように述べている。

「週刊社会新聞」と「東京社会新聞」が分れたのにはこんないきさつがある。社会主義宣伝のため、片山、西川、松崎三人で四国、九州へ旅行した時、政府の圧迫のために受けた大分の損害を、片山氏は三人で負担しなければならぬと言われ、松崎、西川は、自分たちは無産だし、片山さんはともかく「社会新聞」の他に「渡米案内」を渡米協会で出版したり、いろいろ他に仕事をしていられるから、片山氏が負担すべきだと言い、また赤羽一《はじむ》（巌穴）氏の過激な文を載せたと片山さんが怒られたので、松崎、赤羽氏が、どうしてもあんなケチな人と一緒に仕事は出来ぬと承知されぬので、止むなく別れることになった。

これが分裂の真相だとすれば、かなり低次元のものだが、この分裂は、西川、赤羽を中心に、東京在住の会員二十五名が連名して、頭領の片山潜を除名する形となった。渡辺政太郎もその除名決議に名を連ねている。

決　議

片山潜氏の性格は社会主義者として有るまじき点少なからず、且つ氏の行動は将来吾党の運動に多大の妨害を与ふるものたるを認め、茲に氏を社会主義同志会より除名することを決議す。

明治四十一年二月十六日

片山潜には誤解されやすい一面があったようで、血の気の多い吉川守圀などは、「片山のやうに私欲の深い冷酷傲慢な男が社会主義者となったのは一種の奇蹟だ」とまで痛罵しているが、人間通の堺利彦は、「『大臣待遇』セン・カタヤマ」のなかでこう評している。

かつて西川君が片山君のことを評して、あの人は栗のやうだと言った。その意味はかうであった。中には甘い実があるが、渋皮だの厚い皮だのに包まれて、さらに、その上をイガで包まれてゐるのだから、誰も容易にその甘い実に接することができない。片山君と交はって面白くない感じを持つ人が少なくないが、それはイガに刺されたり厚い皮や渋皮に接しただけで、その中の甘い実に接しない人なのだと。私はこのたとへをなるほどと感じた。

そこまで片山潜をよく見ていた西川光二郎も、遂に片山と袂を分つことになったわけだが、渡辺政太郎も、イガをつけた片山よりも、正直に自分を出す西川光二郎や赤羽巌穴に親近感を持ったようで、彼らと行を共にしている。

片山と袂別した西川、赤羽たちは「東京社会新聞」を創刊するが、主にその資金づくりをしたのは、信州広丘村（現在、塩尻市）の郷原宿《ごうばらじゅく》の問屋の長男だった赤羽巌穴《あかばねがんけつ》（本名、一《はじむ》）である。

家郷を出た兄に代って家を継いだ弟宜十《ぎじゅう》の長男宣治《せんじ》が「赤羽一のこと」という文章のなかでこう書いている。

明治四十一年三月、西川光次郎《ママ》らとはじめた「東京社会新聞」では、発行費用のため父（宜十）に手紙を送り、土地を売らせている。父は手紙のくるたびに、なんのためらいもなく土地を売り、その代金を一伯父《はじむ》の所へ送ったのである。

幅崎という屋敷つづきの畑に立てば、奈良井川をはさんで、水田が広がっている。後年、母はこの畑で、あそこも、ここもと、一伯父のために売られていった枚挙にいとまのない田畑を指さすのであった。

「東京社会新聞」は、本郷金助《きんすけ》町の西川光二郎方に事務所を置き、独身の赤羽巌穴とともに渡辺政太郎夫婦も住みついて、新聞発行に全力を挙げることになった。

この西川家は、光二郎の妻文子の兄、志知善友の持ち家で、前年の春から西川夫妻が住みついていたものだが、文子の回想によると、「本郷座の前の方で、入口に焼芋屋と風呂屋があり、その両側に四、五軒の二階家があり、突当りの一番奥の左側で、玄関三畳、奥に六畳、三畳とつづき、その裏が道に添って一間幅長さ二間の台所で、玄関の土間からは三畳が見えるだけで、玄関そばから二階に上れた」といった家である。二階にも部屋が二間ぐらいはあったろうから、居候も置けたのだろう。

「東京社会新聞」の経営者は、西川光二郎（当時三十三歳）、赤羽巌穴（三十二歳）、渡辺政太郎（三十五歳）、松崎源吉（三十五歳）、吉川守圀（二十六歳）の五人で、発行兼編集人は松崎源吉、印刷人は赤羽巌穴であった。

松崎源吉は九州の海産物問屋の息子で、赤羽巌穴同様、青雲の志を立ててアメリカに渡ったこともあり、政太郎と時期は異にするが、濃飛育児院で手伝いをしていた時期もあった。彼もまた、政太郎同様、五十嵐喜広院長の悪徳経営に憤慨してやめ、社会主義運動に飛び込んだ点では軌を一にしていた。

西川文子も濃飛育児院とはかかわりがあった。文子は西川とは再婚で、最初の夫は、結核で若死にした作家の松岡荒村（本名、悟《さとる》）だが、松岡は同志社の学生時代、キリスト教の信仰から濃飛育児院に住みついて、熱心に働いていた。その松岡と恋に陥ちた文子は育児院を訪ねて、松岡の仕事を手伝ったこともあり、結婚も五十嵐院長の媒酌だった。

この松岡夫妻も、のちに五十嵐院長と感情的な齟齬を来たしているが、政太郎も、松崎源吉も、西川文子も、濃飛育児院との縁につながれていて、それが彼等の同志的結合を深める一因ともなっていた。

「東京社会新聞」は明治四十一年三月十五日、創刊号を発行した。題字の下に「社会主義を経とし、俠骨を緯とす」と刷り込んだ。

創刊の日には、西川光二郎、赤羽巌穴、渡辺政太郎、吉川守圀の四人で、上野、浅草へ宣伝ビラ五千枚を撒きに行ったが、早くも浅草雷門で妨害する巡査と小競合いをして、危うく全員検束されそうになっている。

三　大逆事件の序曲

「東京社会新聞」発刊の三ヵ月後、大逆事件の序曲ともいうべき赤旗事件が起きた。

「日刊平民新聞」に書いた「父母を蹴れ」が、醇風美俗を破壊するものとして、禁錮一年二ヵ月の刑を受け、仙台監獄で服役していた山口義三（孤剣）が出獄し、その出獄を祝って、明治四十一年六月二十二日、神田の錦輝館で歓迎会が開かれることになった。

分裂しかけた運動の統一を考えていた石川三四郎たちの肝入りで、孤剣の出獄を機に硬軟両派の融合をはかろうと計画されたものだが、これが大杉派の挑発行動でぶちこわしになってしまった。

余興にはいって、木島正道が剣舞「本能寺」を舞っている最中、大杉栄、荒畑勝三（寒村）、村木源次郎など大杉派の連中が突然立ちあがって、「無政府共産」と墨書した赤旗三本を打ち振り、「アナ、アナ、アナーキー」と、どなりながら場内を練り歩き始めた。

大杉派は新宿柏木町の大杉宅を本拠としていたので、柏木団と呼ばれ、本郷金助町に本拠を置く西川派は、本郷団と呼ばれていたが、微温的な本郷団に対して尖鋭分子が多い柏木団のデモンストレーションだった。

大杉たちは勢い余って、赤旗を打ち振りながら場外へ繰り出したが、警備していた神田署員らとたちまち乱闘になり、大杉、荒畑、村木たちに加えて、中立的な堺利彦、山川均までが騒ぎに巻き込まれて検挙されてしまった。

この騒動の渦中に本郷団の渡辺政太郎もいたが、彼は騒ぎを鎮めようと駈けまわったのであった。同じ本郷団の吉川守圀がその著『荊逆星霜史』にこう書いている。


筆者は大杉の引張られるのを見て、それを奪ひ返すべく駈け出したところ、後から斎藤（兼次郎）、半田（一郎）、渡辺（政太郎）が駈けて来て筆者を抑へた。大杉は声を嗄《か》らして「ムム無政府」と叫びながら拘《ひ》かれて行った。

同年八月末、東京控訴院で判決が出た。いずれも官命抗拒罪で、大杉栄（二十四歳）＝重禁錮二年半、堺利彦（三十九歳）、山川均（二十九歳）、森岡栄治（二十四歳）＝同二年、荒畑勝三（二十二歳）、宇都宮卓爾（二十六歳）＝同一年半、村木源次郎（二十歳）、百瀬晋（十九歳）、佐藤悟（二十二歳）＝同一年。

たかだか赤旗を打ち振り、警官ともみあっただけの騒ぎに対して、理不尽な重い判決と言うほかないが、このことが結果的には、牢獄に隔離されていたことによって、大杉や堺たちを大逆事件に引掛けられることから救うことになった。

本郷団はこの赤旗事件での検挙は免れたものの、やがてこちらも次々と幹部が入獄するはめになる。まず頭領の西川光二郎が、三十九年三月の市電運賃値上げ反対運動の際、大杉栄、吉川守圀、山口義三とともに兇徒聚衆罪で起訴されていたが、赤旗事件に先立つ六月十三日上告を却下され、西川（重禁錮二年）、吉川（同一年半）が入獄しなければならなくなっていた。大杉、山口も有罪である。

怒った赤羽巖穴は「東京社会新聞」第十三号に、痛烈な記事を掲げた。第一面に「社会党入獄史」と題して、西川、大杉、吉川、山口たち市電事件で下獄する同志六人の写真とともに、弾圧側の原敬内務大臣、横田国臣大審院院長、安楽兼道警視総監の写真を大きく掲げて、「以上の同志六名は、以下三名の士のために兇徒聚衆罪に問はれて、（七月）四日、無事入獄したり。茲に尊顔を掲げ、謹んで感謝の意を表すと云爾」とやったのである。

第十三号はたちまち販売禁止になり、執筆者の赤羽巖穴と発行人の松崎源吉のふたりが新聞紙条例違反で検挙された。拘引されるとき、赤羽は持病の胃痛で苦しんでいたが、容赦なくひきたてられた。

そのときの状況を、発行所の西川家に赤羽と同宿していた渡辺政太郎は、終刊号となった第十五号（四十一年九月十五日発行）に、「あゝ悲惨、あゝ冷酷」と題する署名入りの記事を書いている。それまでいつも裏方に徹して、めったに署名入りの記事を書くことがなかった政太郎だが、経営者五人のうち、西川、吉川、赤羽、松崎と四人まで官憲に捕われ、ひとり孤塁を守ることになった責任感から筆を執らざるを得なかったのだろう。

　八月二十一日夜十時

靴の音、サーベルの音、常に慣れし耳にも一種異様の感響を与へ、悽愴の感、油然として湧きき。二階には赤羽君腹痛の為め呻吟の声、そは数年の悪戦に困憊して衰弱刻一刻と加ふるがごと、斯くて吾が社会新聞社の前途は又刻一刻、幽冥の途に向って進むが如く。

忽ち跫音は戸側に消えぬ、鏘々たる佩剣の音、罫紙に数行の令状は病弱の小羊を捕ふべき冷酷なる力なりき。

直ちに一瀬医師に来診を乞ひ、注射三回、吐瀉甚だし、而かも冷酷の手は緩む時なし、病弱の彼はスックと立ちき。顔面蒼白、洋燈の火に映じて悽愴の感、転々切也。時計十二時を報ず。車にてと言ひしを、之れ革命家の本分なりてふ気色を以て、よろめく足を踏み締めつ、本郷警察署に引かれぬ。明日は早朝東京監獄に。

爾来、同所に数日、予は天上の星を眺めたるの時、深き痛苦を感ぜざるを得ざりき。山河万里を隔つるも尚ほ一色の月明を仰ぐを得、僅かに十数丁を離れて、黒き冷めたき鉄門によりて浮世と隔離さる。あゝ悲惨、予が一念只だ彼の健康を祈る。

新聞記事としては破格だが、この漢文体の文章には一種の風格があり、情感のボルテージが高い。捕われの身の病弱な同志の安否を思う心情が真率に吐露されている。

赤羽巌穴はこの時は一年の入獄ですんだが、出獄後、『農民の福音』を秘密出版して捕まり、禁錮二年の刑を受けて千葉監獄に再入獄、その獄中でみずから絶食して死亡、政太郎はその骨を拾うことになる。

「東京社会新聞」は、最終的には裁判所の発行禁止命令を受けて十五号で廃刊されたが、幹部は渡辺政太郎ただひとりとなり、すでに刀折れ矢尽きた状態になっていた。

その終刊号には、木下尚江《なおえ》の「廃刊を祝す」という人の意表をつく一文が掲載されている。尚江は母の死を契機に社会主義運動から身を引いていたが、「今日の社会主義諸君の議論は十中九まで無責任の空論で、この際、社会主義者は言論の圧迫に感謝して反省すべきだ」と痛烈な批判の矢を放っている。

この一文を掲載したのは、終刊号の責任者となった政太郎の裁量だろうが、尚江の言に共感するところがあったのかもしれない。

東京社会新聞社は、同年十月八日、渡辺政太郎の主宰で、本郷金助町の発行所で廃刊式を行なったが、この頃から、渡辺政太郎の動静に対する官憲の監視の眼が厳しくなったようで、内務省警保局の記録に、渡辺政太郎の名がひんぴんと登場するようになる。

●四十一年十二月三日、渡辺政太郎、静岡へ向け出発、同十四日帰京せり、是同地に於ける主義者市川伝吉より幻燈遊説の最も有能なることを聴き、兼て同志者間に於て賞揚せる同県加茂郡稲取村の自治状態紹介の幻燈巡業を為すことに決心し、市川に会合の上、稲取村長をも訪問し、併せて同村の実況を見聞せんが為赴きたるものなりといふ。

政太郎は、この伊豆稲取村の自治状態を撮した幻燈写真を持って、各地を熱心に巡回講演してまわったが、これは結果的には国の施策に踊らされることでしかなかった。

稲取村入谷部落は、農家共同救護社を中心として、戸主会、母の会、青年修養会、処女会などが組織されて、一部落がそのまま一家族といった共同体を形成し、三大模範村の一つとして表彰されていたが、その本質は、忠君愛国思想、封建的な家族道徳、勤倹貯蓄を指導精神とする、いわば官制の模範村づくりにすぎなかった。政太郎は、社会主義とは似て非なるその共同体の本質が見抜けないまま、これこそ理想社会の姿だと錯覚してしまったようだ。

官憲記録は、さらに明治四十二年初頭の渡辺政太郎の動静をこう伝えている。

●一月五日、本郷区金助町、社会主義青年団に於て、渡辺政太郎、車隆三、原子基、桜井松太郎、石川三四郎、坪井隆吉、臼倉甲子造、富山仙次郎、長谷川次郎、藤田四郎、谷田徳三、加藤重太郎等、相会して同志者の新年宴会を開く。

●二月十三日、渡辺政太郎、上記静岡県加茂郡稲取村自治状態紹介の幻燈器を携へ、埼玉県大宮町へ向け出発せしが、翌十四日帰京せり。

●社会主義青年団は設立以来著しき行動もなく経過し来りしが、同所に居住せし渡辺政太郎、原田新太郎、松崎源吉夫妻が他へ移転し、又車隆三が神奈川県へ転住せしため、同団は茲に全く有名無実の状態になれり。

明治四十二年春、渡辺政太郎夫妻は、一年ほど住みなれた本郷金助町の西川光二郎家を出て、同志のつてで麻布霞町の細民街の小さな借家に移った。

第三章

一　赤羽巌穴『農民の福音』

明治四十二年九月二十四日、赤羽巌穴が青白くやつれた顔で千葉監獄から出獄した。

渡辺政太郎は、先に出獄していた西川派の松崎源吉、谷田徳三たちと両国停車場まで出迎えた。一行は本郷千駄木町の自由倶楽部へまわって歓迎の祝盃をあげた。自由倶楽部は、社会主義青年団が解散同様になったあと、松崎や谷田が運動の足場としてつくった倶楽部だった。

千葉監獄には、赤旗事件で検挙された堺利彦、大杉栄、宇都宮卓爾、森岡栄治、荒畑勝三などがまだ入獄中で、彼らの噂話や獄中生活のあれこれにひとしきり話がにぎわったあと、官憲の厳しい弾圧による運動の停滞を嘆く声になった。

松崎源吉が言った。

「赤羽君も帰って来たことだし、ここらでひとつ巻き返さなくちゃな。ここは過激な手段を講じてでも、一挙に主義を鼓吹すべきだよ。なあ、赤羽君」

だが、赤羽は松崎の話に乗ろうとしなかった。以前だと、すぐ激しい口調になる赤羽だったが、重い口調で言った。

「官憲の不当な弾圧は許せん。しかし、獄中で考えたんだが、いまは無謀な行動を避け、個人伝道に徹すべき時ではないか」

政太郎は赤羽の言に同調した。

赤羽はその主張する個人伝道のため、十一月には、郷里の信州広丘村《ひろおかむら》郷原《ごうばら》に帰ったが、このころ、ひそかな決意を固めていた。社会主義者としての生命を賭けた一書を書きあげ、それを伝道の書とすることであった。こうして生まれたのが、赤羽巌穴の遺作となった『農民の福音』である。

「極楽は何処《いずこ》の果と思ひしに、杉葉立てたる又六の門」と言ふは有名なる一休和尚の狂歌である。之を我々の主義の立場から今様に直すと「地主等の倉から米を取り出してタラ腹喰ふが極楽の門」となる。何時《いつ》が何時迄鋤鍬取っても善い果報は掘り出されず、朝から晩まで黒くなって働いても、糠味噌汁で麦飯さへ碌々喰へぬ百姓の身分程詰らぬものは無い。

（中略）

泥棒を泥棒するのは泥棒で無い。自分が盗まれたものを取返したからとて夫《そ》れが泥棒であると言ふ理屈は決して無い。農民が地主の倉庫から以前盗まれた自分の米穀を取り返すのは、道理と正義が許す適当の行為である。――㈦極楽の門――

このように誰の耳にも入りやすい平易な文体で書かれた『農民の福音』は、我々は土地泥棒の地主を革命の断頭台にあげ、我々の遠い祖先が平和な生活を営んでいた「村落共産制」の昔に還らねばならぬ、その「村落共産制」を骨にして、科学知識と相互扶助の血と肉を付けた「無政府共産」の自由安楽郷を造らねばならぬと強く主張していた。

この頃、赤羽は、石川三四郎が主宰する『新紀元』にしばしば投稿するなかで親しくなった石川の影響を受けて、アナキズムに傾き、「無政府共産」を理想とするようになっていた。

『農民の福音』を郷里で書きあげた赤羽は、四十三年三月末、東京へ戻ると、まっ先に政太郎を訪ねて来て、こう頼んだ。

「『農民の福音』は、その内容からして到底合法的な出版は出来ない。投獄覚悟で秘密出版したいが、ついては君の家を発行所にさせてもらえないか」

政太郎は赤羽の決意に打たれ、即座に承知した。

『農民の福音』は、明治四十三年五月二十五日に発行された。芝区新桜田町で自由活版所を営む同志岡千代彦が印刷人となり、発行者・編集人は赤羽一。発行所は麻布区霞町十一（渡辺家）。菊半截判、本文八十六頁。定価十銭。

その出版に先立ち、赤羽は、『世界婦人』の筆禍事件で市ヶ谷の東京監獄に入獄中だった石川三四郎を訪ね、「君にばかり苦労をさせてすまないが、ぼくも覚悟している」と、それとなく別れを告げに行っていた。

後年、石川三四郎は赤羽巌穴について、こう追想している。


彼は政治と政治家を憎むこと蛇蝎の如く、従って思想は早くからアナキスチックであった。農民運動に着眼したのも此思想の傾向からであった。筆者らが田中正造翁を助けて栃木県谷中村の農民運動に熱中せる事情なぞ、また彼を刺戟すること深刻なものがあった。朴訥にして且詩情に富んだ彼は、常に支那の無政府田園詩人陶淵明を愛誦し、そして田園の日々に益々荒蕪し破壊されるのを魂の底から憤慨したのであった。（石川三四郎編、共学社パンフレット第六輯『農民の福音』復刻版の序、昭和四年）

赤羽巌穴は明治八年生まれで、政太郎より二歳下である。資産家の父が自由民権運動や放蕩で家産を傾けたため、苦学して東京法学院（現在、中央大学）を卒業して新聞記者になったが、明治三十五年夏、二十七歳のとき、『嗚呼《ああ》祖国』と題する祖国日本への袂別の書を書いて渡米、滞米中の片山潜、岩佐作太郎たちと共にサンフランシスコ日本人社会主義協会を組織した。そして、二年半後帰国すると、片山派に属して活潑な活動を始めたが、石川三四郎が指摘しているように、アナキスティックな傾向が強かった。

この赤羽の『嗚呼祖国』ほど、明治日本を痛罵した書も珍らしい。

渡良瀬沿岸三十万の民をして垂亡垂死の淵に辱めつゝある日本国よ、梅毒大臣、婬売学生、盗賊学生、婬乱学生、喰逃学生を製造しつゝある日本国よ、偽人、偽君子、偽学生、偽英雄、偽聖人、偽文士を以て満されつゝあるの日本国よ、義人田中正造を牢獄に投じたる日本国よ、汝は能くもかう残忍、刻薄、陋劣、慳貪《けんどん》を極めたものだ。

悲憤慷慨の徒であり、敵を撃つときは激烈な文章を書いたが、心やさしい詩人の才もあり、彼が作詞した「袖しぐれ」は、添田唖蟬坊の唄で流行歌になったこともある。これは、明治三十八年の野口男三郎《おさぶろう》事件のとき、男三郎の妻曽恵《そえ》子の心情をうたったものだ。

〽桐の一葉に秋ぞ来て
はや二月《ふたつき》も過ぎ去りぬ
獄《ひとや》に在《いま》す郎君《きみ》が身は
如何《いか》に淋しきことならむ
…………

癩病には人肉が効くという俗説を信じて、義兄の癩病を治すため、少年を殺して臀肉を切り取ったというこの猟奇事件は、当時大変な話題となったものだが、世の指弾を浴びる犯人の妻に思いを寄せて、その心情をうたったところに、赤羽巖穴の面目躍如たるものがある。

この性情は渡辺政太郎にも共通するもので、だからこそ、二人は深い同志愛で結ばれていたのであった。

五月中旬、『農民の福音』は世に出ると同時に頒布禁止処分を受けたが、赤羽は後事を政太郎に託すと、数冊をひそかに身につけ、尾行の警官をまいて東京から逃れ出た。

そしてまず訪ねたのは、埼玉県北足立郡片柳村（現在、さいたま市）の臼倉甲子造だった。

臼倉甲子造は、明治二十年、片柳村の地主の長男に生まれ、早稲田中学を卒業、「週刊社会新聞」への投稿から運動に加わり、特に赤羽巌穴や渡辺政太郎と親しんでいた。

この年少の同志で、資力のある臼倉甲子造をひそかに訪ねた赤羽は、出版した『農民の福音』と、アメリカから帰国して間もなく書いた自叙伝風の「乱雲驚濤」の原稿を臼倉に託して姿を消し、五月二十八日には、大逆事件で逮捕される直前の幸徳秋水を、偽名で湯河原の宿に訪ね、今生の別れとなる一夜を共に過している。その数日後の六月三日、静岡で逮捕された。

同年十一月五日には、出版法違反で禁錮二年の刑が確定して、その前の出獄から一年余で、またも千葉監獄にほうり込まれた。印刷人の岡千代彦も禁錮六ヵ月で千葉監獄入りしたが、発行所を貸しただけの渡辺政太郎は逮捕を免かれた。

この赤羽の再度の入獄から、『農民の福音』を一冊でも多く人手に渡すことが政太郎の使命となった。彼は国禁の書をいつもひそかに隠し持ち、尾行警官の眼をくらませながらせっせと売り歩いた。

赤羽が逮捕されて間もない六月二十三日には、妻やよの実家、若林家に預けていた母よねが亡くなった。享年五十八歳だった。

一家の柱となるべき長男の政太郎が、孤児救済、社会主義運動にのめり込んでからは、ずっと妹の婚家の世話になるという肩身の狭い晩年だった。政太郎はその母の辛さを思いながらも、酬いられることのない運動から離脱することが出来なかった。

政太郎は獄中の赤羽にこう書き送った。

「僕の母もトヲトヲ自分の死ぬべき家で死ななくて、親類の厄介になって先月二十三日に死んだ」

赤羽巌穴も大変な母親思いだったが、同様に親不孝を重ねて、数年前、母親を亡くしていた。政太郎の「死ぬべき家で死ななくて……」という一語には、親に孝養を尽くすより、理想社会を築く営為に己れの生涯を賭けてしまった苦渋の思いが伝わってくる。

二　西川光二郎離脱

非道な権力犯罪ともいうべき「大逆事件」は、赤羽巌穴の『農民の福音』の発行日付けと同じ明治四十三年五月二十五日の宮下太吉、新村忠雄、新村善兵衛の三人の検挙に始まり、六月一日には幸徳秋水が逮捕され、さらに紀州などにまで検挙の嵐が吹き荒れた。そのさなか、獄中にあった社会主義運動のリーダーたちが次々と満期で出獄した。

七月十七日、西川光二郎、千葉監獄出獄。

七月二十八日、石川三四郎、千葉監獄出獄。

九月二十二日、堺利彦、東京監獄出獄。

九月二十七日、山川均、千葉監獄出獄。

十一月二十九日、大杉栄、東京監獄出獄。

ようやく娑婆へ帰ってみれば、すさまじい弾圧の嵐、それも、天皇弑逆の大罪をふりかざしての弾圧だ。さすがの堺利彦も、知友への出獄通知をこう書くほかなかった。

今朝無事帰宅。只ボンヤリ。
見よやあのイガから落ちた露の栗
撫でて見る蚤のくひあと今朝の秋

同志が出獄するたびに、政太郎は生き残りの同志たちと共に、こまめに両国駅や市ヶ谷の東京監獄の門前に迎えたが、政太郎が頭領と仰いできた西川光二郎は、すでに獄中で転向の意志を固めていた。出獄した西川は、妻の文子が用意した千駄木の借家に落ち着くなり、政太郎たち同志に向かってこう語った。

「幸徳一派の過激な言動は、我々にまでその累を及ぼしている。ぼくが獄に入れられたのもそのためだ。我々は穏健派とみなされているが、この際、一段と穏健な行動をとるべきだと思う」

そして西川は、千駄木の借家をそうそうに引き払うと、岐阜県大垣町の文子の実家に避難することにした。そのときも政太郎は律義に、石川三四郎、福田英子たちと共に、西川夫妻を新橋駅まで見送った。

西川は大垣で、「社会主義者の詑証文」と評された『心懐語』を書き、公然と社会主義運動からの離脱を宣言した。その序文に彼はこう書いた。

余少年の時より猥《みだ》りに民人を憂ひ、疎狂自から改革者を以て任じ、悲憤慷慨を事とする爰《ここ》に十有余年、其の間奇禍を買ふて獄に下ること前後四回、之によりて静思の機会を得て幸に半生の非を知り、爰に行路を新にせんとするに当りて此の書を著す。余の識、余の文、固より言ふに足らずと雖も、此の書或は意気余りありて省察足らざるの青年に一粒の警告を与ふるの益あらんか。

この転向の書『心懐語』は、出獄後の堺利彦が打つ手もなく「只ボンヤリ」していたり、アナキストの石川三四郎が出獄後さらに大逆事件にひっかけられそうになったのをやっと切り抜けたり、出獄後、郷里へ帰った山川均が、四国高松との連絡船が通うようになった宇野港で薬店を開いたりしていた頃の十月十六日、東京京橋の警醒社から出版され、大きな反響を呼んだ。大逆事件で浮足立った社会主義陣営への、いわばうしろ弾だったと言える。

西川光二郎は、明治九年、淡路島の生まれで、札幌農学校に学び、新渡戸稲造の影響を受けたが、中退して東京専門学校（現在、早稲田大学）で学び、卒業後は内村鑑三の『東京独立雑誌』の編集を手伝った。その後、片山潜と親しくなって、片山の片腕として働くようになり、わずか二日間の命ではあったが、日本最初の社会主義政党「社会民主党」結成（明治三十四年五月）の発起人のひとりに名を連ねていた。

西川は、資本主義社会の仕組みを平易な言葉で説いた啓蒙書『富の圧制』などを書き、聴衆を感奮させる弁もあったが、理論的には粗雑で、転向の書『心懐語』にも、理論を深めることなく、結局は社会主義巷談家でしかなかったという弱さが如実に現れている。

転向した西川はたちまち精神修養を説く俗流道学者になり、『心懐語』を書いた二年後には、大杉栄たちの『近代批評』で、やはり社会主義運動から離脱した木下尚江とともに、嘲笑されることになる。

●もと社会主義者西川光二郎は、松村介石の道の会に入り、あちこちで資本家の御為めになるやうな道徳を、熱心に労働者に演説して聞かして居る。

●三河村の聖者、木下尚江は、岡田某の門に入って、万能剤腹式呼吸の秘法を伝授され、此頃では自宅や門人の家で大に無免許医を興行して居るゲナ。（『近代批評』第一号、消息欄）

社会主義運動の一派の頭領から、逆風を受けるとたちまち古臭い精神修養家に変身した西川光二郎の実体は、彼と接触が深かった政太郎には、ある程度見えていたことだろうが、西川が『心懐語』を刊行した直後、政太郎は臼倉甲子造にこんな手紙を書き送っている。

（前略）赤羽君もたうとう二年と決定して今は東京監獄に居るが、来月にもなったらどこかに廻されるかも知れぬ。又西川君も無事出獄して今は妻君の実家に居るが、先生思想がいよいよ変化したはね、余り犠牲が重いので悲しうなるのも無理はない。僕は大いに同情を表す。

この手紙には、政太郎のキリスト者としての心性が強く感じとられる。彼は悩める小羊を見れば、いたわり、手を貸さずにはおれない男であった。激しい弾圧の嵐に抗しきれずに屈服した西川を、「石をもて追う」ようなことは出来なかった。

この年の十二月二十六日、藤田四郎と吉川守圀の発起で、各派合同の忘年会が神田一ッ橋の一ッ橋軒で開かれたが、出席者は、堺利彦、石川三四郎、渡辺政太郎、原子基、斎藤兼次郎、藤田四郎、吉川守圀などわずか十名にすぎなかった。

獄中の幸徳秋水たちの生命は風前の灯であり、赤羽巌穴も千葉監獄で呻吟していた。西川光二郎のように運動から脱落する者も少なくなく、多くの同志は息をひそめていた。獄中の幸徳たちに見舞状を送ることなどを決めたが、いまひとつ気勢の上がらない忘年会だった。

幸徳秋水たちの最終公判は十二月二十九日だったが、その日、堺利彦は、土佐中村からの電報を握って大審院法廷に駈けつけ、幸徳に老母多治子の死去を知らせなければならなかった。不遇のうちに自分の母を死なせたばかりの政太郎は、この幸徳の母の死に痛切な思いを誘われたに違いない。

三　縊《くび》り残され……

明けて四十四年の一月十八日、大審院で幸徳たちに判決が下った。被告二十六名中、死刑二十四名、残る二人は懲役十一年と八年。

その判決が同志たちに与えた衝撃を、堺利彦の妻為子はこう書き残している。

私はその頃半蔵門にあった産婆学校へ通ってゐたが、十九日の夕方、学校の門を出ると、号外売りが騒々しく走ってゐる。早速読んでみると、「大逆事件」の判決が下されたとある。急いで帰宅してみると、堺はゐなかった。心配してゐると、暫くして一升徳利を提げて帰って来た。それをひっかけると酔ったまま外へ出て行った。私は心配だったので後をつけて行った。悲痛な酔態をして夫は軒並の軒燈を壊して行く。道路工事の赤ランプを蹴飛す。然し私にはそれを止める勇気がなかった。(堺為子「妻の見た堺利彦」)

尾行巡査も手が出せないほどの堺利彦の激怒の酔態だった。

この判決の翌日、「陛下の思召《おぼしめ》しにより」死刑二十四名中、半数の十二名が死一等を減じて無期懲役に切り変えられたが、これは皇恩普及の詐術に過ぎなかった。

紅一点の管野すがを除き、幸徳ほか十一名が処刑されたのは一月二十四日のことだが、堺為子はその日のことも、次のように記している。

その二十四日、管野さんが私に逢ひたいといふので、朝市ヶ谷へ行かうと家を出て南寺町の神社の前を通ると、向ふから同志の吉川守圀君がやって来る。私を認めると、彼は首筋に手をとんとんと当てながら近付いて来る。解《げ》せないでゐたが、彼の涙に私はハッとした。私の訪ねようとする人はその時には既にこの世にゐなかったのである。

　これは堺為子のはや呑みこみで、管野すがだけは翌二十五日朝の処刑だった。だから、このときはまだ面会できたかも知れない。その日もすがは、死刑判決を受けた十八日から書き始めた日記「死出の道艸《みちくさ》」を書き続け、世話になった人たちに十二通の礼状を書いていた。そして、このすがが処刑直前に書き残した「死出の道艸」によると、二十二日、渡辺政太郎の妻やよにも葉書を書いている。

　やよはすがと親交があったわけではないが、大逆事件の検挙が始まる直前、罰金を支払う代りに入獄するすがを、吉川守圀とともに見送りに行ったことがある。四十三年五月十八日のことだった。

　すがは、幸徳とやっていた『自由思想』が朝憲紊乱で販売禁止になったのを無視して頒布したため、罰金四百円の刑を受けたが、その罰金が支払えないまま、百日の刑に服することになったのだった。

　すがが入獄する朝、やよは吉川守圀に誘われて、千駄ヶ谷の平民社の近くの産婆の家に寄宿していたすがを訪ねた。すがは頭痛でもするのか、起き抜けの顔のまま、こめかみをもみながら現われた。肺病がかなり進んでいて、顔色が悪かった。そこへ、前夜から同家に泊まっていた新村忠雄も顔を出して、三人で日比谷の東京控訴院検事局に出頭するすがを送った。

　病弱なすがの入獄が見るに耐えなかったのだろう。やよは数時間残って、市ヶ谷の東京監獄に送られるすがの馬車をずっと見送ってやっていた。すがはそのまま大逆事件の主謀者の座にひきすえられることになったわけだが、入獄の日のやよの親切が忘れられなかったのであろう。

　すがは絞首台上で「われ主義のため死す、万歳」と叫んで縊られたという。享年三十一歳であった。刑死した十二人の遺体は、二十五日、二十六日の両夜にわたって遺族に引き渡されたが、渡辺政太郎は、堺利彦夫妻、石川三四郎、大杉栄、吉川守圀たちとともに、東京監獄の不浄門から運び出された遺体を迎え、厳寒の星空の下を落合村の落合火葬場まで運んだ。

二十五日の夜、遺体が引き渡されたのは、幸徳秋水、奥宮健之、大石誠之助、内山愚童、森近運平、古河力作の六名だった。森近と古河の遺体は、森近のは本人の遺志で、古河のは父親の承諾で、ともに解剖されることになったので、そのまま本郷の医科大学へ送られ、あとの四体は落合火葬場で荼毘に付されることになった。

午後六時半、まず大石誠之助の遺体が家族の手配で用意された荷車に乗せられて動きだし、縁故の人々が五台の人力車に分乗して続いた。内山愚童、奥宮健之、幸徳秋水の三遺体は、荷車ではなく、白木の棺桶を縛った縄に丸太ン棒を通し、人夫が前後をかついで歩きだした。そのあとに、近親者や、堺利彦、石川三四郎、福田英子、渡辺政太郎、大杉栄、吉川守圀など生き残った同志の葬列が続いた。

遺体の重みで丸太ン棒がギシギシきしんだ。氷りつくような寒夜のその音は、非道な権力に縊り殺された幸徳たちの無念の歯ぎしりとも聞こえて、野辺送りの政太郎たちは断腸の思いだったことだろう。

しかも官憲は、この凍てつく夜の野辺送りにまで暴圧を加えた。再三にわたって阻止し、「かかる多数での葬列は厳禁されている。遺体の引取人以外は帰れ」と叱咤したが、憤怒の塊となった葬列は、まつわりつく警官隊を黙殺して進んだ。だが、落合火葬場に程近い小滝橋の手前で、新宿署の警官隊約三十名が提灯を掲げて厳重な阻止線を敷いていた。堺や大杉の激しい抗議で、やっと十二名だけが通行を許された。渡辺政太郎は、堺利彦、石川三四郎、大杉栄、吉川守圀たちとともに、幸徳の遺体に最後まで付き添うことが出来た。

市ヶ谷から一時間ほどかかって、田圃の中の落合火葬場にたどり着いたが、遺体をかまどに収める直前、内山愚童の弟政治が「兄に間違いないかどうか、この眼で確かめる」と言いだして、愚童の棺を開けた。

箱根大平台の禅寺、林泉寺の住職だった内山愚童とは、政太郎も親しかった。「東京社会新聞」が発行されていた頃、愚童はよく本郷金助町の発行所に顔を出し、赤羽巌穴や政太郎とよく談論風発し合った仲である。よく気も合った。

アナーキーな禅坊主の愚童は、赤旗事件が起きた四十一年末、お寺の本堂に秘密出版所をつくって、『入獄記念・無政府共産』と題する過激なパンフレットを出版頒布したが、それがバレて、四十二年五月、出版法違反と爆発物取締罰則違反で検挙され、一審で懲役十二年（控訴審で七年確定）の判決を受けた。

そのとき政太郎は、原田新太郎、富山仙次郎と語らって、彼らとしては精一杯の八十銭のカンパを、東京監獄の愚童に差し入れたこともあった。その獄中のまま、愚童は大逆事件の被告の座にひきすえられたのであった。

その愚童の死顔と、政太郎は図らずも火葬場で対面することになったが、そのときの情景を、警官の制止を振り切って火葬場まで同行していた東京朝日新聞記者の松崎天民がこう書きとどめている。

立会の巡査も黙視するの他なき此の時、内山政治と人夫とは、大金鎚と大のみを振って棺の蓋を砕き、その半を開きたる刹那の光景よ。逆徒内山愚童は三分刈りの頭髪を短かく、曽ては法廷に於て微笑みし面影は、たづぬるによしも無し。蒼白の顔、瞑せし眼、堅く結びし唇など、
真に善人の相貌あり。

「ああ、兄だ。立派な死顔だ」と愚童の弟政治が納得して棺の蓋を閉じさせたとき、堺利彦が幸徳秋水の棺を指差し、人夫に声をかけた。

「ついでに、この方の蓋も取ってくれ給え」

人夫はその言葉に黙々と従い、立会い巡査も黙視するほかなかった。

蓋が開けられ、喉のまわりに紫色の帯がついた秋水の死顔が現われた。同志たちは万感こもる最後の別れを告げた。

四名の遺体がかまどに収められると、警察は、一棺一名の遺骨引取人を除き、全員直ちに新宿署へ出頭せよと命じた。堺や大杉の抗議で、足弱な家族のために十数台の人力車が用意されたが、同志たちは疲れきった足で新宿署へ向かった。新宿署へ着いたのは、もう午前二時頃だったが、待っていたのは署長の居丈高な訓示だった。

「逆徒の火葬に、これほど多数の者が参加するとはけしからん……」

国家権力の本質を見せつけられたこの酷寒の一夜は、おそらく政太郎に社会主義者として不退転の決意を一段と昂めさせたことだろう。

この大逆事件で、日本の社会主義運動はいわゆる「冬の時代」を迎えるが、生き残った主義者の心

情は、幸徳たちの処刑から二ヵ月経った三月二十四日、神楽坂倶楽部で開かれた各派合同茶話会で、大杉栄が詠んだ一句がよく伝えている。

春三月縊《くび》り残され花に舞ふ

大逆事件で多くの同志を奪われた悲しみがまだ癒えない翌四十五年三月一日、政太郎はまたもや悲痛な同志の死を迎えねばならなかった。

『農民の福音』の非合法出版で、出版法違反、朝憲紊乱の罪に問われ、禁錮二年の判決を受けて千葉監獄で服役中だった赤羽巖穴が、腸カタルで苦しんだ末、絶食してみずから生命を絶ったのだ。

「赤羽死す」の電報を千葉監獄から受けたのは政太郎だった。渡辺家が赤羽の寄宿先になっていたためだが、政太郎はすぐ、やはり赤羽と親しかった逸見斧吉の日本橋大伝馬町の店に駈けつけて赤羽の獄死を知らせ、二人で千葉監獄に駈けつけた。

無惨な遺体だった。いつもかけていた鉄縁の眼鏡をはずされた眼窩は深くくぼみ、頬は削げ、髑髏そのままの容貌となり、身体は薄い板のようになっていた。

「この男は飯も食わずに、自分で勝手に死んだのだ」

そんな獄吏の言葉に、「何を言うか！」と政太郎は激昂し、いつにない憤怒の形相を見せた。

三日になって、信州から赤羽の弟宜十が到着し、政太郎と斧吉が付き添って、千葉まで遺体の引き取りに行った。官憲記録はこう記している。

出版法違反に依り、千葉監獄に於て服役中なりし赤羽一が胃痛に冒され、四十五年三月一日死去するや、渡辺政太郎、逸見斧吉の両名は、同月三日赤羽の親族と共に千葉に赴き、遺骸引取の上、同地に於て火葬に付し、翌四日、遺骨の東京に着するや、之を逸見方に安置し、同日及翌五日に亙り、多数の同志出入りして通夜又は礼拝を為し、同月六日、親族の者携帯出発、翌七日、赤羽の郷里長野に帰着せり。

逸見斧吉は広島出身の事業家で、社会主義運動のいわばシンパだった。いつも素寒貧の政太郎はこのとき逸見の援助を得たいと思って誘ったのだろうが、適切な判断だった。この逸見の援助で、政太郎たち同志は赤羽をねんごろに弔うことが出来ている。

それにしても、政太郎にとっては、この赤羽の獄死は幸徳秋水らの死刑以上にショックだったことだろう。幸徳一派とはその刑死まで、それほど深い接触はなかったが、赤羽は肝胆相照らした同志だった。

三月二十五日、政太郎は赤羽の弟宜十に手紙を送ったが、深い愛惜をこめて赤羽巌穴について次のように書いている。

正直一途、真に至誠の人、一分一厘の野心なき人。

政太郎も同種の人間だったからこそ、二人は深い友情に結ばれたが、赤羽は権力に捨身の挑戦をして逝ってしまった。その死は深く政太郎の胸に刻みこまれた。

明治日本を激しく罵倒した赤羽巌穴だが、その獄死から約五ヵ月後、天皇睦仁が亡くなり、明治の世は終りを告げた。

第四章

一　大正の開幕

明治から大正と改まった年の暮れの感慨を、東京市郊外の千歳村粕谷に住んでいた徳冨健次郎（蘆花）は、その著『みみずのたはこと』の最終章でこのように書き記している。


雪はまだしきりに降って居る。

余は思ふともなく今年一年の出来事をさまぐ\と思ひ浮べた。身の上、家の上、村の上、自国の上、外国の上、さまぐ\と事多い一年であった。種々の形で世界の各所に現はるゝ人心の昂奮、人間の動揺が、眼まぐろしくあらためて余の心の眼に映った。

何処に落着く世の中であらう？

余は久しく何を見るともなく雪の中を見つめる。

大正元年暮の二十九日は蒼白う暮れて行く。

おのがじし舞ひ狂ひつるあともなし
世は一色《ひといろ》の雪の夕暮

大正元年十二月二十九日、東京は大雪だった。暮れの慌しさも朝から降りしきる雪に足をとられたような一日だったが、その深夜、最終電車の赤電車も走り去って、市電の通りには人影がほとんど消えてしまった頃、築地の本願寺に程近い築地活版所の裏口から、出来上ったばかりの本の山が運び出されて荷車に積み込まれた。

積み終えると莚をかけ、色あせた袷によれよれの袴をつけた不精髭の四十男が前を挽き、鼻下に髭をたくわえた白皙の小柄な洋服男が後を押した。洋服男は運ばれる本の著者石川三四郎であり、前を挽くのは渡辺政太郎だった。

人目を忍ぶ本は、石川三四郎が明治四十年四月から翌年五月にかけて巣鴨監獄に投獄されていた際、獄中で十五冊ものノートにとった勉学の成果をまとめた『西洋社会運動史』で、逸見斧吉ら支援者の協力を得てやっと自費出版に漕ぎつけたものだった。それも、西園寺内閣が社会主義運動に比較的に寛容だったところから、今のうちにと出版に踏み切ったのだが、印刷中の十二月五日、西園寺内閣は陸軍の二個師団増設問題で倒れてしまい、社会主義者を蛇蝎の如く嫌う長州閥の桂太郎がまたもや内閣（第三次桂内閣）を組閣してしまった。

桂内閣の下では、発禁は必至である。そこで石川三四郎は政太郎と謀って、本の完成をわざと歳末ぎりぎりにして、官僚どもが正月の屠蘇酒に酔っている間に本を配布してしまおうという計略だった。真紅の表紙で、菊判千二百頁、定価二円三十銭の大冊となった本の奥付はこうなっている。大正元年十二月二十五日印刷、大正二年一月一日発行。

だから、三十一日までに内務省検閲課に届くように投函すれば、事前届出の法に違反しないし、検閲が正月休みあけになることは確実である。差押えに来たときは、もうあらかた本は消えてしまっているはずだ。

大雪も幸いだった。歳末の大雪の夜では、うるさい尾行も姿を消していた。

まだ雪が舞っていた。深い雪に難渋しながら築地橋を渡り、新富町を抜ける。正月興行の看板を掲げた新富座の大屋根にも白く雪が降り積んでいる。八丁堀、茅場町、鎧橋を渡って、人形町のほうへ出る。鎧橋のたもとには、その頃、芸術家のクラブのようになっていた「メエゾン鴻の巣」があった。「メエゾン鴻の巣」は、木下杢太郎、北原白秋、吉井勇、谷崎潤一郎たちの「パンの会」(パンはギリシャの牧羊神)のたまり場で、社会主義者では大杉栄や荒畑勝三が出入りしていたが、政太郎にはとんと無縁な世界だった。

道中無事に大伝馬町の逸見山陽堂の倉庫に本を運び込んで、ひと眠りすると、雪はやんでいて、まぶしい雪晴れの朝だった。

「これで無事に正月を迎えられるね」

と二人は笑顔を見合わせたが、二人とも素寒貧で、正月の餅代も乏しかった。

その夜は、麻布霞町の政太郎の茅屋でささやかな祝盃をあげ、大晦日に石川三四郎は横浜の根岸海岸の借家へ帰って行った。

三四郎は気管支が弱いため、前年の夏、東京から空気のいい根岸海岸に移住していたが、この夏には、以前から同棲していた福田英子が先夫の子三人を連れて移って来て、賑やかになっていた。

明治十八年秋の大井憲太郎を主謀者とする大阪事件にかかわって検挙され、「東洋のジャンヌ・ダルク」と謳われた福田英子（旧姓、景山）も、この年四十六歳になり、十一歳年少の石川三四郎のやさしさにすがる身となっていた。

三四郎が「姉《ねえ》」と呼ぶ英子に、政太郎の親身な協力で無事本の発送が済んだことを告げ、ひと息入れているところへ、珍客が現われた。「谷中聖人」の田中正造だった。

石川三四郎はその『自叙伝』に、この日の田中正造の来訪をこう書きとめている。

　四十五年は半ばで大正元年になりましたが、その年の十二月三十一日に渡辺君と共に出版書の始末を終ったところへ、裏口の方から「石川さん、こちらですか」という声がかかりました。田中正造翁の声です。飛び出して見ると、翁は人力車から降りるところです。「やれやれ見つかってよかった。あちこち一時間あたりも探しましたぜ！」

　二週間ほど前に海岸通りから少し高台に移転したために翁をまごつかせたのです。しかし、一家一族が大喜びで翁を迎えたので、翁はとても嬉しそうに、懐から十円札を一枚出して、

「これで皆さんと一緒にお正月をさせておくんなんしょ」

というのです。われわれに対する翁の愛情の深いのには、いつも感激させられました。横浜まできてお正月をしようという、翁の心の中には、貧困の極にあるわれわれがこの年の瀬を如何にして越しうるか、という心やりもあったでしょう。無一物の翁なればこそ、無一物のわれわれに同情が持てるのです。私は何時もながら真心から翁に感激しました。

横浜の石川家で大正二年の正月を迎えた田中正造は、元日の屠蘇酒に酔って上機嫌で画仙紙に筆を振るった。

大雨にうたれたたかれ重荷ひく　うしの轍のあとかたもなし

余り酔ふことはなりません屠蘇の春

天地大野蛮

そんな年頭所懐を雄渾に書き流して、正造は三日に東京へ去ったが、これが、明治三十九年夏に谷中村が廃村になって以来、谷中に根をおろして「辛酸佳境に入った」田中正造の、最後の正月となった。

この田中正造の石川家訪問には、こんないきさつもあった。

暮れの十二月二十四日、東京控訴院で谷中裁判「土地収用補償金額裁決不服訴訟」の第三回口頭弁論が開かれたが、石川三四郎と福田英子は横浜から傍聴に出かけた。

ひところ谷中問題に熱心だった社会主義者も、谷中残留の十六戸が強制破壊（四十年七月）されてからは、「もう済んだこと」「あとは枝葉の問題」として片付ける者が多くなり、なお熱心に支援を続ける者は、木下尚江、福田英子、石川三四郎、渡辺政太郎など少数になっていた。

二十四日の法廷では、正造は立ちあがって谷中村を見殺しにした栃木県政の罪悪を訴えようとしたが、裁判長から「それは政治論ですから」とさえぎられて激怒した。

「たとえ政治論でも、事実をお訴え申し上げなければ真相が解らぬではありませぬか。こういう罪悪が日本の国内に白昼公然と横行しているため、ようやく調査してきたのに、貴方は聴こうともせぬ。それで天皇の代理として裁判が出来るのか！」

体を震わせて怒号する正造を、中村秋三郎弁護士がなだめて席に着かせたが、三四郎と英子は、見るに耐えないと法廷を出た。そうした深い友誼に対する返礼の気持もあって、年越しの十円持参の訪問となったのだろう。

石川三四郎が田中正造に親炙するようになったのは、新宿角筈の石川家を発行所にしていた『新紀元』の頃からで、最初は福田英子を通じてであった。正造と英子は自由民権時代からの古いつきあいである。

『新紀元』は、平民社解散後、木下尚江、安部磯雄、石川三四郎を中心に、キリスト教社会主義者が結集して発行した雑誌で、明治三十八年十一月から一年間刊行されたが、当時すでに孤立していた田中正造の戦いを、新紀元社は総力をあげて支援した。

尚江や三四郎は幾度となく谷中村を訪れ、正造もまた、出京すれば必ず新宿停車場から程近い石川家の新紀元社に顔を出し、ときには新紀元社恒例の説教会で、村を亡ぼす国家の暴を糾弾してやまなかった。正造も聖書を手放さない人だったし、新紀元社のメンバーとは最も心許せるものがあったようだ。

この新紀元社を財政的に支えていたのが、赤羽巌穴が獄死した際、渡辺政太郎とともに千葉監獄に駈けつけた逸見斧吉である。

逸見斧吉は、明治十一年広島生まれで政太郎より五歳、三四郎より二歳年下だが、慶應義塾を出て逸見山陽堂という罐詰会社を興し、金鶏ミルクで名を売り、財を築いた。しかし、性朴直で、堺利彦の『家庭雑誌』の読者になったのをきっかけに社会主義運動に接近し、特に石川三四郎と親しくなり、三四郎が編集長をつとめる『新紀元』を財政的に支えてやっていた。

その新紀元社の集会で、田中正造が「土地兼併の罪悪」と題する大演説をやったのは明治三十九年四月二十二日のことだが、その頃から逸見斧吉は正造に傾倒し、正造の運動に物心ともに惜しみない支援を続けていた。

正造の足跡を克明に書きとめた島田宗三の『田中正造余録』にも、「逸見氏は翁の請願陳情書の起草や印刷に助力し、また谷中へはその年（明治四十三年）も二月四日に、畦畔修築の弁当代を寄贈された」といった記述が随所に見えるし、日暮里《にっぽり》金杉町の逸見邸に正造がいかに世話になっていたか、正造晩年の日記を読めばよくわかる。出京すればほとんど毎回のように逸見邸に泊まっている。

斧吉の夫人菊枝は小柄な美人だったが、彼女もまた夫とともに社会主義者の集まりや鉱毒問題糾弾集会によく顔を見せ、社会主義者の間で「若葉の如き夫、花の如き妻」と評される夫婦だっただけに、正造にとってはよほど居心地のいい家だったようだ。

日記に逸見家のことをこう記している。

明治四十四年六月九日

日暮里金杉に暖かき和風あり。茲に到れば忽ち天国なり。茲を去って巣鴨新井翁を見る。亦天国たり。

巣鴨の新井翁とは、仙台出身の碩学、新井奥邃《おうすい》（本名、常之進）のことである。新井は維新前夜、函館でロシア正教のニコライと出会ってキリスト教に関心を持ち、維新後間もなく森有礼に同行して渡米、トーマス・レイク・ハリスの農業共同体「新生兄弟社」に入って、二十八年間もアメリカ生活を送ったあと帰国、巣鴨で謙和社を開き、十数人の青年と起居を共にしながら儒学や聖書を講じていた。彼はキリスト者であったが、洗礼は受けず、讃美歌も唱わなかった。

この奥邃と正造の親交が始まったのは、明治三十四年十二月十日の正造の直訴事件後である。正造が幸徳秋水に書いてもらった直訴状を高く捧げて天皇に迫った事件の直後、奥邃は三宅雪嶺主宰の雑誌『日本人』（三十五年一月一日号）に、「過《あやまち》を観てその仁を知る」と題して、正造を直訴に追い込んだ責任は政府にあるとして、鉱毒問題を放置した政府の責任を厳しく糾弾した。正造はそれに感激して奥邃と交わりを深め、キリスト教の信仰に導かれている。

奥邃にとってのキリスト信仰は、教会で形式的な祈りを捧げることではなく、それぞれ己れの十字架を背負って、ゴルゴタの丘へ登るキリストのあとをついて行くことだった。その奥邃のキリスト信仰そのままに、正造は己れの十字架を背負って、国家権力によって抹殺された廃村谷中に住みついたのだった。

奥邃は正造より五歳年下だが、その年少の奥邃を正造は「巣鴨聖者」とさえ呼んでいた。

この巣鴨の新井奥邃家、日暮里金杉町の逸見斧吉家、そして、福田英子と石川三四郎が住む新宿角筈の藁ぶきの小さな借家。その三軒が、東京で最もくつろげる正造の宿だった。中でも逸見家は経済的な余裕もあり、正造晩年の最良の憩いの場であった。

正造日記

四十年十一月十九日

逸見斧吉氏の礼譲は孔門徒弟の如し。主義を世界と社会と二求め、以て宇宙を貫かん事を期す。之れ仏門の人なり。

そして、渡辺政太郎も正造をとり巻く真人の列に加わり、足尾鉱毒事件の幻燈写真を持ち回って、鉱毒問題を世間に訴え続けていた。その写真は、四十年三月、福田英子と逸見夫妻が写真師を連れて谷中村を訪れ、折からの風雨のなかで撮影してきたものだった。

この頃、政太郎は、石川三四郎を通じて、徳富蘆花の世話で北多摩郡千歳村で農耕生活にはいっていた特異な思想家江渡狄嶺《えとてきれい》（本名、幸三郎、大正二年二月、上高井戸村へ転居）とも親しくなっていたが、狄嶺の農場「百性愛道場」を、鉱毒の幻燈写真を携えて、訪ねている。そのときの模様を、郷里の青森県五戸《ごのへ》町から上京して、従兄の狄嶺のもとに身を寄せていた鳥谷部陽太郎が、『大正畸人伝』にこう記している。

その後よく渡辺さんは石川三四郎と一緒に百性愛道場にやって来たものである。

何時かなぞ、渡辺さんは田中正造翁の谷中事件の幻燈を持ち込んで、近所の百姓家の頑童連を集めて、百性愛道場の一つしかない座敷で幻燈会を催した事があった。

初めは石川さんが弁士で渡辺さんは技師、私は助手みたいな役割でやってゐたが、何時か渡辺さんは私共に機械をまかせて、自分もあのシャガレた声をふりあげて、相当悲憤慷慨の一幕を演じたものだ。勿論村の頑童共は、誰も渡辺さんの説明兼演説に傾聴するものはなく、たゞ幻燈を珍らしがって、ワイワイ騒いでばかりゐた。

政太郎の面目躍如たるものがある。相手が事の理非曲直をよくわきまえない腕白小僧たちであろうと、全身全霊でもって、鉱毒の惨害、谷中廃村の不当を訴えずにはおれない男だった。

政太郎の子供好きは根っからのもので、日曜日には、四畳半と二畳だけの狭い霞町の自宅で、近所の子供たちを集めて日曜学校を開いていた。

この日曜学校のことは、『新社会』の渡辺政太郎追悼特集のなかで、江渡狄嶺がこう書いている。

社会主義者の中で一番私の親しみを感じてあった渡辺君は、麻布霞町で石川君と日曜学校をやって居った時、初めて知り合ひになった。それは、伊藤証信氏の『無我の愛』であったか、『我生活』であったかに、当の渡辺君の事を次のやうに書いてあったのが、御互ひを引き合せる因縁となったのである。私はその時は、武蔵野で百姓を始めて一両年した時分であった。

政太郎の日曜学校にふれた伊藤証信の一文は、その主宰する『無我の愛』の明治四十四年七月二十五日号に掲載されているが、狄嶺はそれを引用したあと、こう続ける。

この子供好きで子供に好かれた日曜学校の先生は、後に労働教育者となって、社会主義の為めに新人の教育に骨折ったが、あく迄も誇張のない、ソシテ温かい君の性情は、煽動家としてでなく、天成の労働教育者として、より深い永久的な親しみを以て、よく人を引き付けて離さなかったのだ。

二　田中正造、渡辺家逗留

正月の松飾りがとれた頃、石川三四郎が横浜から麻布霞町の渡辺家にやってきた。

「渡辺君、うまくいったよ。計略通りさ」

予想通り、屠蘇の酔いが醒めたところで、『西洋社会運動史』の発禁命令が出て、三四郎は横浜警察署に拘引され、本はどこへ隠したと責めたてられたが、

「大部分は支那の同志が向うへ持ち帰ったので、今頃は黄海の上でしょう」

とはぐらかしたら、相手も拍子抜けして、即日釈放してくれたという。

「寒いので、毛布まで背負って行ったんだがね」

三四郎も優《や》さ男の見かけによらず度胸がすわっていた。

本の一件は笑い話ですんだが、そのあと三四郎は口調を改めて、いよいよヨーロッパへ留学する決意を固めたことをうちあけた。大晦日に訪ねて来た田中正造にも告げて、激励を得たことも言い添えた。

政太郎もうなずくほかなかった。石川三四郎の日本脱出の願望はよくわかる。権力の重圧に手足をからめとられたような時代だし、まして三四郎は大逆事件に危うく連座しかけた身である。幸徳秋水たちが検挙されたとき、三四郎はまだ獄中にあったが、七月末、禁錮四ヵ月の刑を終えて出獄した直後、家宅捜索を受け、押収された書簡の中から、天皇への敵意をみつけだされて危うかった。三四郎は自著『虚無の霊光』の中から暴力革命を否定する叙述を拾いだしてみせて、やっと虎口を脱したが、このまま日本にいては、生命すら危うかったし、ほとんど活動の翼をもがれていた。

この当時、運動らしいものと言えば、幸徳亡きあと社会主義運動の要《かなめ》の位置に立つ堺利彦が売文社を設立して、同志たちの糊口をしのぐ道をつけながら再起の時をはかっていたが、堺と藤田四郎の斡旋で始められた各派合同茶話会が毎月一回開かれて、離散する同志をつなぎとめている程度だった。

しかし、閉塞した時代に風穴を開ける新しい動きもようやく始まっていた。

その一つに、気鋭の理論家として、また尖鋭な行動派として、頭角をあらわしてきた大杉栄と荒畑寒村が手を組んで大正元年十月に創刊した『近代思想』があった。三十二頁、定価十銭のうすっぺらな月刊誌で、文芸雑誌の体裁をとっていたが、大逆事件後、逼塞していた社会主義運動の一角からようやく挙げ得た甦生の声であった。

この『近代思想』創刊当時の状況を、荒畑寒村はその『自伝』にこう書いている。

当時は明治天皇の死による大赦令の発布で、入獄中の同志の釈放された者も多く、私たちの昼夜を分たぬ常尾行も廃止されたが、それでも行幸などの場合はいつも尾行をつけられた。現に第二号を出した十一月には、天皇が大演習から帰るというので、大杉がちょっと外出したところを検挙され、十二月には私が金尾文淵堂へ寄るために麴町平河町で電車を降りると、「今ここを陛下がお通りになる」という理由で、警戒中の巡査と尾行のために検挙されてしまった。だから私たちはよく、天皇が外へ出ると、社会主義者は留置場へ入る、と言って笑ったものだ。

言い得て妙と言うべき表現だが、そんな状況のなかで迎えた大正二年だった。

政太郎と違って、石川三四郎は文筆の徒である。新聞雑誌に記事を書けば筆禍で監獄にぶち込まれ、精魂こめた著書は次々と発禁になるでは、天を仰ぐのほかはない。

それに政太郎は、日本脱出を願う三四郎の私的な心情に思いあたることもあった。

前年の夏、政太郎は、福田英子が先に横浜に移り住んでいた三四郎と同居するため新宿角筈の家をたたんだ際、その後始末に奔走してやったことがあった。

福田英子が主宰していた『世界婦人』が明治四十三年の初頭に発行禁止処分を受けて以来、英子にはこれといった文筆活動の場がなく、窮迫して夜逃げ同然の転居であった。だから、こっそり荷物を運び出したり、押しかける借金取りをうまく撃退したりしなければならなかったが、そうした役目になると、貧乏慣れした政太郎はお手のものだった。

そんなこんなで、政太郎は三四郎と英子の家庭生活の内実をよく知っていたし、三四郎が十一歳年上の英子との「夫婦関係」を清算するきっかけを求めていることも感じていた。

「日本脱出の手段はある」と三四郎はうちあけた。

袁世凱の暗殺を企てて失敗し、危うく捕えられようとしたところをベルギー領事ゴペールに救われ、日本へ赴任するゴペールに連れられて亡命してきていた中国の若い女性革命家鄭毓秀（当時十九歳）と三四郎は接触を持っていたが、鄭が「あなたは日本に居ては危ない」と日本脱出をすすめ、ゴペールとともに脱出に手を貸してくれることになっているというのだった。寂しくなるが、政太郎には、ヨーロッパの新天地に思いを馳せる三四郎の気持ちはよくわかるし、脱出の成功を祈るほかなかった。

忘れられぬ一月二十四日が来た。幸徳秋水たち十二名（管野すがのみ二十五日）が処刑された日である。もう三回忌になる。

在京の同志の間では、幸徳たちの遺体を落合火葬場まで送った二十五日を記念日とし、毎年、犠牲者の墓参をすることになっていたが、この年は二十六日が日曜日だったため、一日日延べして、二十六日に墓参が行なわれた。

堺利彦、石川三四郎、渡辺政太郎、大杉栄、荒畑寒村など十数人が参加した。まず市ヶ谷の道林寺に古河力作の墓を訪ねたが、墓は中野の奥のほうの寺に移されていた。次いで、代々木の正春寺に管野すがの墓、駒込の染井墓地に新村忠雄と奥宮健之の墓と回ったが、尾行巡査もぞろぞろついてきた。

墓はみなうらさびれていた。管野すがの木の墓標は傾いて、そばの小さな観音様にもたれかかっていた。新村忠雄も、故郷の信州に帰ることもなく、奥宮健之の墓と背中合わせの永井家の墓に合祀され、墓標もなかった。墓地の入口の垣根の棒杭には、誰がいたずらしたのか「アナキスト」の文字が刻まれていた。

道々荒畑寒村が、この一月初め、無期徒刑で九州の諫早監獄に入獄中の武田九平の大阪の家族と、小松丑治の神戸の家族を見舞った時の話をした。いつも元気な荒畑寒村が、武田家でも小松家でも夫人に泣かれて辛かったと声をつまらせ、みんな暗然とした思いを呑み込んだ。

二月にはいって、石川三四郎の日本脱出の目処がついた。折よくゴペール夫人がベルギーに帰国することになり、その付添人という形で脱出することになった。大逆事件に連座しかけた要視察人の石川三四郎に、日本政府が旅券を発行するはずはない。密出国するほかなかった。

折から世の中は騒然とした空気に包まれていた。前年暮れの桂内閣の成立とともに、「閥族打破」「憲政擁護」の声が昂まり、二月十日には数万の民衆が国会議事堂をとり囲み、熱狂した群集が、御用新聞の国民新聞社はじめ、読売新聞、都新聞、二六新報などを襲って社屋を打ちこわし、火を放つという騒ぎだった。

翌十一日、桂内閣はわずか二ヵ月足らずで総辞職に追い込まれ、山本権兵衛内閣に引き継がれた。いわゆる「大正政変」である。

そのさなかの十一日、石川三四郎は堺利彦夫妻から、売り出し中の松井須磨子主演の「アルト・ハイデルペルヒ」上演中の有楽座に招待され、帰りの有楽町駅で、武装した兵隊の警戒と出合って驚いている。

日本脱出の準備に追われながら、三四郎は旧知の人々にそれとなく別れを告げて回ったが、『哲人カアペンタア』の序文を書いてもらったりして世話になった徳冨蘆花の千歳村粕谷の田舎家も訪ねた。

蘆花は、大逆事件の際には、新聞に発表する機会は逸したものの、「天皇陛下に願ひ奉る」と、幸徳たちの助命を嘆願する上奏文を書き、さらに幸徳たちの処刑後に招かれた第一高等学校の講演会で、「謀叛論」と題する演説をやり、謀叛の意義を若者たちに問いかけるとともに、目的のためには手段を選ばなかった桂内閣を厳しく糾弾した。石川三四郎にとっては敬愛する作家だった。

三四郎から日本脱出をうちあけられた蘆花は、自分の洋服を餞別にくれた上、兄の蘇峰あてに、三四郎の旅券取得に尽力してくれるようにという紹介状を自発的に書いてくれた。しかし、蘇峰を軽蔑している三四郎は当惑した顔になった。すると、すぐそれと悟った蘆花は顔を赤らめて、

「いや、この手紙は撤回します」と、兄への紹介状をひっこめたという。

出発が近づくと、日暮里の逸見斧吉邸でひそやかな送別会が開かれ、政太郎とやよ夫妻も出席し、折から上京中だった田中正造も顔を出した。

横浜根岸の家で最後の記念写真が撮られたときも、政太郎とやよ夫妻は加わった。シャッターが切られるとき、英子は別離の悲しみに耐えられぬように眼を伏せていた。

三月一日、いよいよ出発の日が来た。横浜港からフランス船ポール・ルカ号に乗船する。政太郎はやよとともに横浜港まで見送った。内密の出国なので、見送り人は限られたが、三四郎の肉親、福田英子、堺利彦、逸見斧吉夫妻、政太郎夫妻など十四、五人が、船影が遠くなるまで手を振った。

石川三四郎の海外脱出から間もない三月十二日、政太郎が埼玉県片柳村から出て来た臼倉甲子造と

話し込んでいるところへ、福田英子がやって来て、「折り入っての相談だが」と切り出した。

田中正造翁がいま出京中だが、常宿の芝の旅館越中屋を訪ねたところ、正造は身体の具合が悪く、充分な宿泊費もないまま、女中部屋のような暗い部屋に寝かされていたという。あまりにも気の毒で、自分が引き取って世話をしてやりたいが、横浜までは遠い。ついては、翁が元気を回復するまで、お宅で静養させてくれないか、というのだった。

こんなボロ家でよければ喜んで、と政太郎は快諾した。

このときのいきさつは、正造の事業の後継者となった島田宗三が、「福田さんと田中翁と私」という文章のなかで、福田英子の話として、こう書きとめている。

> 先頃、一寸お煩ひになった時は随分お気の毒でありました。去る四月（註、正しくは三月）の事であります。翁が代議士時代から近しくして居られた芝口の信濃屋（註、正しくは越中屋）といふ宿屋の二階間に籠城して居られたのです。余りお気の毒に思ひまして、私がこの渡辺さんのお宅にお願ひして一週間ばかりお世話をして戴くことになったのです。
> 信濃屋（越中屋）では、尤も昔とは時代が変はって居る為めもありませうが、女中もろくろく世話をして呉れず、又以前ならば、泊る丈《だ》けならば特別で翁のは十銭でよいとしてあったのが、こんどは八十五銭の割でお金をとられなすったと言って居られました。

その日の夕方、福田英子は人力車に正造を乗せて、麻布霞町の渡辺家に案内してきた。長髪白髯の正造は、色あせた綿服にずんぐりむっくりの老体を包んで、全財産入りの信玄袋を提げていた。
この頃すでに胃癌が進行していたので、かなりやつれていたが、政太郎が臼倉の助けを借りて用意した新しい布団を見て、「こんな上等な布団に寝ると、シラミを落っことしゃしねえかと心配で、おちおち眠れませんわい」などと言って笑わせた。
このとき正造は、三月十二日夜から十七日夜まで渡辺家に六泊したが、静養しながら、十八日に迫った裁判所の実地臨検を気づかって、谷中村の島田宗三たちに臨検の際の注意をこまごまと記した手紙を何通も送っている。

みのかさの用意もなくして、きれいなきものきて、のそのそするなかれ、のそのそすると狐にだまされる、手まめ足まめにはたらくべし、ふところ手は大無礼なり、ていねい恐入って言葉も少なく、落付いて要所要所の説明は一人つゝにすべし。生いきは呆れる、利口ぶると損のみ、ほらは尚更そんなり。（後略）

渡辺家で静養中も、心は谷中村に飛んでいたが、政太郎夫妻の親身な看護、心が通じ合う語らいに、正造は心身のやすらぎを得たのだろう。六日間も泊まり、日記にこう書き残している。

三月十三日白米壱升二十六銭なり。麻布霞丁十一、渡辺政太郎氏泊。（渡辺家の貧しい台所を気づかって、米一升を買って差し出したのだろうか）

○予此間旅籠屋に泊して大に罰金を取られたり。是れ奢侈的生活せしため天の罰を得たり。一昼夜五十銭を取られたり。普通生活費の三倍を収めらる。
○日本最高等に到らずも、中流以上の奢侈生活の食料は一食五円位の人々中々多しと、之を下級民の一日食料金三銭より四銭位に比せば奈如。高等奢侈は最下等の五百倍の食を貪る、五百人分のパンを一人にて食ふと同じ。（後略）

この下級民の食費三銭、四銭は、おそらく政太郎夫妻から聞いた話だろうが、やよから聞いた、彼女の生地、山梨県西八代郡大河内村（現在、身延町）が、明治十七年九月、台風による洪水で大被害を受け、そのため一家が村を離れた話も書きとめ、こう結んでいる。

○正造、山梨に遊説せしは明治二十六年の年なりしに、而も此悲惨を語る有志なし仁人なし。案ずるに衆皆此人造の災害を天災なりとして、珍事なりと心付かずして、多分此誤りより我々に告げざりしものなるべし。あゝ当時より人畜の流亡をも直接に見たり。今を去る二十年の已前なり。示来今日に至るも、未だ何ら此悲みを訴ふる人叫ぶ人なし。

裁判官の谷中村臨検が始まった十八日朝、田中正造は叮重な謝辞を述べて渡辺家を辞去した。そのうしろ姿がめっきり老い込んでいた。これが、政太郎にとっては、敬愛する谷中聖人との最後の別れとなった。

谷中へ帰って、裁判官の実地臨検が無事にすむのを見とどけた正造は、二十五日には、弁護士と打ち合わせのため病軀に鞭打ってまたもや出京、今度は日暮里金杉町の逸見家に世話になっている。

そして三十日には、立憲改進党時代の旧友尾崎行雄（咢堂）の品川の家を訪ねたが、玄関に緋縅の鎧、鍬形の兜が麗々しく飾られているのを横目で見ると、手みやげのきぬかつぎ五銭分を玄関番の書生に与えてしまった。

さらに四月二日には、やはり旧友の犬養毅の牛込の家を訪ねたが、犬養家では庭師が庭園の手入れをしていた。正造はそれも横目で眺めて通った。

かつて志を同じくした旧友たちのそうした生活の変化を、正造は日記にこう書きとめている。

　両氏とも二十年前は庭なし服なし、而も今は鎧あり庭あり。

元代議士、田中正造のみは無一物で、なお自由民権思想に根ざす政治の初心を貫き通し、素っ裸で暴虐な国家権力に戦いを挑み続けていた。その正造の心眼に映る日本は、すでに亡びていた。正造日記にこう記されている。

　日本潰れても谷中は潰さぬなり。之れ人民の精神の有無にあるのみ。形亡びても精神存在す。日本形ありとするも精神已になし。日本已になし。

渡辺家の六日間、正造はそんな時代認識を語りつづけたことだろうし、政太郎はそれに共感しながら、再生の手段として社会主義を熱心に論じたに違いない。

第五章

一　中国革命義勇軍

石川三四郎が日本脱出して二ヵ月半、無事を案じていた渡辺政太郎のもとへ、五月半ばになってやっと三四郎からブリュッセル到着の手紙が届いた。

それには、「四月八日、ブリュッセル着、頼りにしていたフランスからの亡命アナキスト、ポール・リクリュがあいにく旅行中で弱ったが、ポールの兄の世話で下宿を得て、ひとまず落着いた、安心してくれ」とあった。

西川派が分散して、政太郎は堺利彦を頭領と仰ぐ形になっていたが、ずっと運動は沈滞していた。その沈滞ぶりは、官憲記録『特別要視察人状勢一班』が雄弁に物語っている。

明治四十四年六月末の特別要視察人は九九四名、準九八一名、計一、九七五名だったのが、三年後の大正三年六月末には、特別要視察人二五九名、準四二七名、計六八六名と、約三分の一に激減している。

そうした状況のなかで、政太郎夫妻の生活はますます窮迫していた。ヨカヨカ飴屋は、いつも腹を空かせている貧民街の子供たちを見ると、ついただで飴をやってしまったりするので、商売にならなくなり、それならば「平民床」をやった理髪の腕を生かそうと、バリカンと剃刀を古鞄に入れ、児童専門巡回理髪所と称して街を歩き始めたが、これまた、一銭の料金をもしばしば貰いそこねる始末だった。

わが家の日曜学校も、相棒だった石川三四郎が海外へ去ってからは、もうひとつ気合が入らなくなり、なんとか打開の道を講じねばと思案していた五月下旬のある日、奇嬌な言動で鳴る名物男、福田狂二が、突然、五尺七寸、二十一貫の巨体で風を捲くような勢いで渡辺家に飛び込んで来た。当時、福田は二十六歳の血気ざかりだったが、後年、この時のことを「理想郷を造ろうとして支那革命に従う」という一文の中でこう書いている。

三月七日、尾行をまいて、この目的のために、東京の同志渡辺政太郎君を訪問し、直ちに支那に行くことを話した。渡辺も、大逆事件以後、日本にいては何事も為し得なかったので、自分も同行したいというので、一緒に行くことにした。

それから大久保の大杉宅へ行って、大杉の父が隊長当時の軍刀、三尺ばかりのわざ物をもらって堺を訪問し、直ちに渡辺と汽車に乗った。東京にいることわずか五時間ばかりで支度は整った。

下関に直行して郵船讃岐丸で上海に向った。

三月七日というのは、明らかに福田狂二の記憶違いで、三月十二日から六日間、政太郎が麻布霞町の家に田中正造を泊めたことは正造日記に明記されているし、官憲記録にも次のように残されている。

福田狂二（東京）

大正二年五月下旬、渡辺政太郎と共に上海に赴き、革命軍都督何海鳴の軍に投じ、司令部付として佐官待遇を受け、南京陥落当時、辛うじて我領事館に逃走したるものの如し。次で駐在領事より一箇年間在留禁止を命ぜられ、同年九月中旬帰国し、後《のち》亡命し来れる前記何海鳴を旅舎に訪問したることあり。

渡辺政太郎（東京）

大正二年五月下旬、福田狂二と共に上海に赴き、革命軍都督何海鳴の軍に投じ、司令部付として佐官待遇を受けをりしが、駐在領事より一箇年間在留禁止を命ぜられ、同年九月中旬帰国せり。

福田狂二は島根県の素封家の生まれで、早稲田大学に在学中、神田三崎町の片山潜のキングスレー館に出入りしたり、田中正造の実践に感激して谷中村を訪れたり、宮崎滔天らの革命評論社に出入りしたり、そのころ若くして『国体論及び純正社会主義』の大著を刊行して名を挙げた北一輝とつきあったり、血の気の多い行動派だった。

福田は早稲田を中退し、徴兵検査で甲種合格になり、明治四十年十二月一日、横須賀要塞の重砲兵第二連隊に入隊した。

同じ日、荒畑勝三（寒村）も横須賀海兵団に入隊したが、心臓病ということで即日帰郷になっている。これには裏があって、『寒村自伝』によれば、入隊当日、彼は当時同棲していた管野すがかかっていた医師の入れ知恵で、カンフル〇・五グラムを隠し持ち、体格検査の直前に服用したところ、首尾よく「心臓病」と診断されて追い返されたという。

福田のほうは策を弄せずに入隊したが、間もなく大問題をひき起こした。まだ新兵の翌年一月五日、外出した福田はそのまま逃亡してしまったのだ。軍服などの官給品は両国駅から連隊へ送り返して逃亡を続け、四月には上海へ逃れたが、五月四日、身元がばれて日本領事館警察に逮捕され、日本へ送還されて重禁錮二ヵ月の刑を受けた。

しかし、兵役免除にはならず、軍隊生活が続いたが、大逆事件さなかの四十三年十月には、社会主義者の半田一郎方に無断外泊したため、再び捕えられて姫路の陸軍懲治隊に送られた。ここでまた上官侮辱罪で軍法会議にかけられて懲役三年の刑を受け、この春やっと除隊したばかりだった。

暴れん坊の反逆児だが、大杉栄は福田狂二の本質をよく見抜いていて、まわりの者に、「福田は純粋な社会主義者ではない。彼の軽卒な言動は運動に災いを招くおそれがあるから注意せよ」と警告していたが、大杉の眼識は正しかった。

福田狂二は昭和に入ると神がかり的な国家主義者となり、「皇道日報」といった新聞を主宰し、戦後は「防共新聞」を創刊して右翼の頭領のひとりとなっている。昭和四十六年秋、八十四歳で亡くなったときは、右翼のボス児玉誉士夫《よしお》が葬儀委員長をつとめた。

そんな福田狂二に誘われて、中国革命軍に参加すべく、政太郎は急遽、上海へ渡ったのである。

数ある同志の中から、なぜ福田狂二は、若くて元気な大杉栄や荒畑寒村ではなく、もう若くもなく身体も丈夫とはいえない渡辺政太郎を誘ったのか、あるいは、誘いに乗ったのが政太郎だけだったのか？

この中国革命軍参加について、政太郎はあまり人に語った形跡がないので、その真相がつかみにくいが、晩年の政太郎と親しかった近藤憲二が、その著『一無政府主義者の回想』のなかで、ちらっと触れている。それは大正四年の暮れ、だまされて四円五十銭で足尾銅山のタコ部屋に売り渡された和田久太郎から、「落盤で頭を負傷したが、逃げられない」という手紙が届いたときのことである。

渡辺さんは、その手紙をじっと見つめていた。

「よしッ！　おれはきょう足尾へたつ。もし和田君を救えなかったら、古河（鉱山主、古河市兵衛）の首をちょん切ってくる！」

そして、夜の終列車でたつはずにして浅草駅へいったのであったが、わずかのことで乗りおくれ、翌日の初発でのことにして帰った。それがよかったのである。しまい風呂を浴びてきて戸をしめようとすると、はいってきた男がある。頭を繃帯している。和田君が足尾から逃げてきたのだ。もしあの夜、汽車に間にあって行きちがいになっていたら、どんなことになっていたであろうか。

「僕は以前、黄興らの南方革命軍に投ずるつもりで上海へ行ったことがある。そして今度の足尾行きと、二度死を決したのだったが……」

これは数日後の研究会での渡辺さんの述懐であった。彼は、単なるキリスト者ではなかったのである。

政太郎は「死を決して」福田狂二の誘いに応じたのだ。そうした決死の行動に踏み切らなければ、息が詰まりそうな閉塞した時代状況だったのだとも言える。

中国では、一九一一年（明治四十五年）一月一日、孫文が南京で臨時大統領に就任して共和政体を宣言し、中華民国が誕生したが、やがて軍閥の袁世凱に政権を乗っ取られ、この三月には、反袁運動の中心人物だった国民党の宋教仁が袁の刺客に刺されて落命するという事件が起こり、それをきっかけに、袁の専制に反対する第二革命の火の手が上海を拠点としてあがっていた。

橋浦時雄の日記によれば、政太郎は宋教仁と、明治四十三年三月三十日、新宿角筈の福田英子宅で会っている。当時、宋教仁は留学生として、黄興、章炳麟、汪兆銘たちとともに在日中だった。その旧知の宋教仁の暗殺が、政太郎を革命軍参加にかりたてた面もあったかもしれない。

この時の中国革命軍参加について、福田狂二は前述のような回想記を書いているが、独善的な記述が多く、ほとんど歴史の証言には値しない。しかし、福田と政太郎が中国でどんな行動をとったか、二人の足どりだけは一応つかめる。

下関から日本郵船の讃岐丸で上海に渡り、上海で孫文や黄興と面接して義勇軍参加を告げ、湖南省へ走って程潜指揮の湖南軍に加わり、白兵戦にも遭遇したという。

さらに南京に転じて、新聞記者出身の何海鳴を司令官とする南京総司令部に所属するが、当時二十六歳だった福田狂二は、自分のことを「劉狂民と称し、陸軍中将、参謀総長として活躍した」などと得々と書いている。

奇妙なことには、彼の回想記に渡辺政太郎の名が出てくるのは一緒に上海に着くまでで、その後はまったく政太郎の名は出てこない。福田狂二のみ大活躍で、こんなことも書いている。

日本人は私が大佐以下少佐くらいまでにしてやった。なかには全く役に立たない人もいたが、それでも支那の軍隊は日本人がいるということで士気が盛んになるから、致し方なく置いた。

福田の大言壮語癖、傲慢さのよく出た文章だが、中国での政太郎をまったく無視しているところからみると、「全く役に立たない人」とは、あるいは政太郎を指しているのかもしれない。たとえ革命のためとはいえ、生命のやりとりをする修羅場で、政太郎が勇猛だったとは思えない。

やがて南京城は、袁軍の将、張勲の率いる山東兵に包囲されて九月一日には落城し、福田たち日本人義勇兵はやっと脱出して日本領事館に逃げ込んだが、間もなく強制送還されることになったわけである。

九月中旬、政太郎は帰国したが、麻布霞町の借家は発つときに引き払い、やよは福田英子の家に身を寄せていたので、とりあえず、横浜の老同志、錺《かざり》職の幸内《こううち》久太郎の家に身を寄せた。

夫が家を空けていた間、やよは福田英子の家で針仕事をして身すぎをしていたが、四ヵ月ぶりに顔を合わせた妻からまず聞かされたことは、敬愛する「谷中聖人」田中正造の死だった。

胃癌にかかっていた正造は、炎暑のさなか病軀に鞭打って群馬県下の河川調査を続けていたが、谷中村へ帰る途中、八月二日、力尽きて栃木県吾妻村下羽田の庭田清四郎方に倒れ込み、そのまま立てずに、九月四日に亡くなっていた。

その正造の最期の様子を、政太郎はやよから詳しく聞かされた。というのは、やよは福田英子とともに、八月二十四日、正造を見舞い、庭田家に一晩厄介になっていた。やよたちが見舞った前々夜、正造の病状は急変して、「現在を救え、ありのままを救え！」と叫んで意識を失なっていた。だから言葉を交わすことは出来なかったが、英子とともに一晩看病させてもらった、とやよは語った。

正造は、九月四日の正午頃、付き添っていた木下尚江に頼んで床の上に起きあがらせてもらい、「これからの日本の乱れ……」という言葉を最後にして大往生したと伝えられるが、その枕頭に残された信玄袋には、新約聖書、帝国憲法とマタイ伝を綴じ合わせた小冊子、日記三冊、鼻紙少々、鉱毒行脚の道で拾った石ころ数個、そして、

「苗代水欠乏、農民寝食せず、苦心せるの時、安蘇郡および西方近隣の川や細流巡視、及びその途次に面会せし同情者の人名略記」

と題する最後の河川調査の報告書が残されていた。

これが、鉱毒事件に踏み込んで無一物となり、辛酸をなめつくした七十二年の生涯の遺産であった。後世に遺された重い遺産であった。

この敬愛する田中正造の最期を、政太郎はどんな思いで聞いたことだろうか。倒れるまで炎天下の

鉱毒行脚を続けた正造にくらべ、思いつめての義勇軍参加とはいえ、結局無為に終わった己れの中国渡航の甘さを省みて、鞭打たれる思いがあったのではないだろうか。

二　山本飼山の死

この年の十一月、渡辺政太郎は、いまひとり、親しい若い友人の胸痛む死と出会わなければならなかった。

石川三四郎がヨーロッパへ旅立った日、横浜まで一緒に見送った山本一蔵(飼山)が、十一月五日夜、大久保で電車に飛び込んで自殺したのだ。早稲田大学を卒業したばかりの若さだった。この若き文学士の自殺は新聞に大きく報じられた。

山本一蔵は信州松本の出身で、明治四十二年春、松本中学から早稲田大学に進学すると、中学の先輩である木下尚江に私淑し、尚江を通じて、石川三四郎を知り、さらに渡辺政太郎とも親しくなっていた。

やがて大逆事件が起こり、若い山本は、いつも尾行つきの三四郎や政太郎との交際を怖れてか、一年半ほど音沙汰がなかったが、四十五年六月二十八日、神田の基督教青年会館で開かれたルソー生誕二百年記念講演会に顔を見せ、三四郎や政太郎と久しぶりに再会した。翌二十九日の日記に、一蔵はこう記している。

△麻布霞町の渡辺政太郎氏を訪ふ。げに一年半ぶりの訪問也。大いに主義を談ず。渡辺氏曰く「今夜、売文社に同人の茶話会あり、行きてみずや」と。即ち夕飯の御馳走になり、青山墓地を抜けて四谷左門町の売文社に到る。

渡辺氏の紹介にて初めて堺さんと語る。無限の歓喜心に溢る。会するもの、堺、大杉、荒畑、渡辺、斎藤（兼次郎）、幸内（久太郎）、添田（啞蟬坊）其他数人の同人諸先輩也。荒畑氏のチェルニシェフスキーの話、大杉氏のブラックハンドの話、堺氏の雑感等あり、十一時半頃まで雑談す。景山君と大曲まで一緒に来り、無限の感慨に打たれ独り安藤坂を上りて帰宅す。

△感慨多し、容易に眠られず。

（註、景山君は景山要のこと。福田英子の甥で、当時、早稲田大学生）

一年半ぶりに再会した若者を、あっという間に自分の懐の中に入れてしまう政太郎の行動性と、大逆事件にもめげず運動の灯を守り続ける社会主義者の集会に、久しぶりに顔を出した多感な若者の心の波立ちがよく読みとれる。

この一年半ぶりの再会後、山本一蔵は足繁く麻布霞町の渡辺家を訪れるようになり、政太郎もまた、たびたび大塚の山本の下宿を訪ねている。山本の日記には、この年（明治四十五年、大正元年）、渡辺政太郎の名がひんぱんに現われている。

九月三日（火）曇

△朝、渡辺氏来る。

九月七日（土）曇─雨

△朝、渡辺さん来る。此頃は尾行がつくので、今朝は尾行のつかぬ内に来たと。大杉さんが予に逢ひたい由、明朝訪問する事とする。（翌八日、山本は大久保の大杉家を訪ね、『近代思想』発刊計画を聞き、協力を求められている）

九月十六日（月）曇

△夜、麻布霞町に渡辺氏を訪ふ。九時半頃まで歓談す。

九月二十五日（水）曇

△朝、渡辺兄来る。

九月二十八日（土）晴

△大赦令の為めに片山潜氏を初め橋浦時雄君等同志出獄す。

△夕食を食ふて居たら其処へ手紙と端書が来た。手紙は深沢君からで、金が一文もなくて困るから三円ばかり貸して呉れと云ふのである。端書は渡辺君からのもので、両国の停車場へ行って諸同志を迎へたとの事、橋浦君も帰った由、乃ち、橋浦の消息を聞く為に霞町の渡辺氏宅へ行く。片山さんの事なども聞いた。橋浦君は近日中に予を訪問する由。

橋浦時雄は早稲田大学で山本一蔵の親しい同級生だった。鳥取県の旧家の出だが、早稲田入学とともに平民社に出入りしていたため、大逆事件の際に狙われ、郷里の新聞に載せた一文が新聞紙法違反に問われて検挙され、さらに家宅捜索の際に押収された日記の記載事項が不敬罪に問われて、四十三年十二月、懲役五年と禁錮四ヵ月の判決を受けて、千葉監獄で服役していた。

政太郎はこの橋浦時雄とも親しかった。

社会主義者との交際を復活した山本一蔵の日記は続く。

十月一日（火）晴

△学校の帰りに大久保に大杉兄を訪ふ、不在、保子夫人（註、大杉の最初の妻、堀保子、堺利彦の死別した先妻美知子の妹）に遭ふ、雑誌『近代思想』は今夜出来る由。

△夜、堺氏宅へ行く。茶話会あり。堺、大杉、荒畑、斎藤、渡辺、吉川（守圀）、高畠（素之）等諸氏の外、片山、相坂の新出獄者も来る。（中略）

石川三四郎氏、福田英子氏も偶然来られ、飯田橋まで電車を共にす、明日、石川氏と横浜に行くべく約束す。（註、翌二日、山本は横浜根岸の石川家を訪ねて一泊している）

十一月三日（日）晴

△朝食をすまして後、麻布霞町に渡辺氏を訪ふ。石川さんも居る。いろんな雑談に時を過し、昼食を御馳走になって二時頃帰る。

十一月十七日（日）晴

△朝、『相互扶助論』の翻訳と柿とを持参して渡辺さんを訪ふ。石川さんも居る。雑談す。昼食

を御馳走になって二時頃帰宅。

十二月四日（水）晴

△ア、我れ此のミリタリズム万能の世にいつまで生き長らへんや。

△夜、麻布の渡辺氏を訪ふ。途中電車にて卒倒せんとす。九時頃まで雑談す。

この時期、渡辺政太郎は年少の山本一蔵と実によく往き来している。政太郎はよく朝早く一蔵を訪ねているが、これは尾行がつかないうちにということとともに、市電の早朝割引きを利用するためもあったろう。当時、東京の市電は片道五銭、往復九銭だったが、午前七時までに乗れば、往復五銭の赤い割引切符が買えた。貧乏な政太郎はこの赤切符で飛び歩いていた。

尾行といえば、近藤憲二が『一無政府主義者の回想』のなかで、いかにも政太郎らしいこんなエピソードを伝えている。

ある日、政太郎は郊外の友人を訪ねて帰りが遅くなり、暗い夜道を近道して畑を横切った。尾行がついていたが、ふと気づくと、背後にいない。「おい。どうしたんだ?」と引き返すと、尾行は四つん這いになって畑を這いまわっていた。鳥目で動けなくなってしまったのだ。政太郎は仕方なく尾行の手を引いてやって帰ったが、後日、やよが病気で寝込んだとき、その尾行がお見舞いにとリンゴを持ってきた。政太郎は最初丁寧に断わったが、尾行がしつっこく押しつけると、リンゴを投げつけてどなった。

「きみたちにものを貰う理由はない！」

近藤憲二はこのエピソードを次の言葉でしめくくっている。「手を引いてやったのも渡辺さんらしい、投げつけたのも渡辺さんらしい」

そんな温情と潔癖さを持つ渡辺政太郎は、鋭敏で潔癖だった山本一蔵にとって、最も信頼できる社会主義者だったのだろう。

この山本一蔵については、早稲田の英文科で同級だった作家の広津和郎が、「手帳」（全集第十三巻収録）という文章のなかで、その風貌を鮮やかに描きだしている。

その級友山本はなかなか特色のあった男で、五分刈頭の天辺《てっぺん》が少し尖り、細面の痩せた顔に眉が迫り、鼻が高く、鉄縁の近眼鏡の下から殆んど笑う事のないような眼が人を見下したように傲岸に光り、鼻下に薄髭を生やし、胸を張って肩をそり返らせ、誰かが誤ってその身体に触りでもしようものなら、いきなり癇癪声を張り上げそうな様子をしていた。

山本一蔵はそういう狷介なところがある青年だったが、政太郎にとっては、やはり信州人だった赤羽巌穴を偲ばせるものがあったのかもしれない。赤羽も鉄縁の近眼鏡をかけた眼をいつも鋭く光らせ、内にやさしい詩情を持ちながら、邪悪なものに対してはまことに潔癖だった。

山本一蔵も、政太郎や石川三四郎から赤羽巌穴のことはよく聞かされていたようで、日記に「巌穴赤羽一氏の牢死、石川氏宅に見たる面影を偲びて無限の感に堪へず」と記している。

大逆事件後、社会主義者との交流を絶っていた山本一蔵だが、一年半ぶりに政太郎と再会したときは、クロポトキンの『自叙伝』や『相互扶助論』の翻訳を試みていた。それを知って政太郎は、一蔵を大杉栄に紹介したのだった。

山本は飼山の筆名で『近代思想』創刊号に「新しい戯作者」を発表した。これはごく短かい評論だが、「今日の若い知識階級は聡明で、欧米の新しい思想運動をすぐ採り入れるが、その知識にふさはしい実行をしたことがない。彼らは如何にしてもルージンの徒、オブローモフの輩である」と鋭く斬って注目を浴びた。

さらに、翌二年の一月号に「アンドレイエフの描きたる恐怖」、二月号に「ワイルドの社会観」を発表したが、三月一日、石川三四郎を横浜で見送ってからは、大杉や荒畑が住む大久保百人町の「社会主義横町」から次第に足が遠のいていた。

同年五月、山本一蔵は親しい橋浦時雄に次のような手紙を書いている。

ソーシヤリストの群からも近頃は大分遠くなった。多少往来するのは渡辺君位のものだ。石川三四郎氏は目下ブラッセルに居る。去る三月一日密かに横浜を出帆した。

（中略）

僕は近頃ロマンチシズム、クラッシシズムの思想に復帰しつゝある。カーライル、エマアソン、ミルトンを愛読しつゝある。聖書を誦し、讃美歌を歌ひつゝある。

（中略）

僕は近代思想が嫌ひになった。近代思想には強い現実味はあらう。併し、余りに人間の醜陋な方面を讃美し過ぎ、若しくは誇張し過ぎる。「神は人間に永遠を思ふの懐《おもひ》を与へ給ふ」といふ言葉が旧約聖書にあるが、僕は此の「永遠を思ふ」の懐《おもひ》を慕ふものである。人間の劣悪なる情欲を離れて永遠に思ひを馳する事、是が日々の願ひである。

思想的な悩みで学業に打ち込めなかった山本一蔵は、同級生より遅れて、七月五日、早稲田を卒業したが、当日の日記には、

空の空、空の空なるかな、空の空也

と、旧約聖書の中の伝道の書の一行を記しているのみである。

その山本一蔵が、晩秋の夜、大久保の「社会主義横町」から程近い山手線に飛び込んで自殺した。友人三人あてに遺書があり、「上僊して帝郷に入らん秋の雲」という辞世の句が残されていた。

この頃、政太郎はまだ横浜にいて、人力車夫をして身すぎしていたが、一蔵の死を知ることが遅かったのか、一蔵の骨は拾っていない。

『近代思想』大正二年十二月号の編集雑記「大久保より」に、荒畑寒村がこう書いている。

七日（十一月）、大杉、堺、橋浦、二郎（註、安成二郎）、僕、それに故人の親戚友人十人ばかりで、山本飼山の遺骸を落合の火葬場に送った。戸山ヶ原を横ぎって往くと、樫や櫟や榛や栗などの黄にすがれた霜葉からは、雨の雫が降るやうに落ちた。風は冷めたく、灰色の雲は低く垂れてゐた。

その後しばらくして、牛込の矢来倶楽部で山本一蔵の追悼会が開かれ、広津和郎も出席して、追悼会の模様を前述の「手帳」にこう書いている。

追悼会はなかなか盛会で、級友達も二、三十人集まったし、島村抱月、金子筑水、内ヶ崎作三郎等の学校で教えを受けた先生達も顔を見せたし、それに彼が思想的に交渉を持った堺利彦、大杉栄その他の当時の有名な社会主義者達も列席した。私は堺、大杉諸氏の顔を見たのはその時が始めてであった。

その他の社会主義者のなかには、おそらく弊衣、不精髭の渡辺政太郎の顔もあったことだろう。福田狂二に誘われての中国渡航で一蔵との接触が切れ、若者の自殺を止め得なかった悔いに身を苛まれながら出席していたはずだ。

広津和郎の文によれば、この追悼会の席で、「山本の死因には老荘の哲学の影響もあるが、又彼がアナーキストであったという事から、就職難に悩んだという事も一つの原因になっていたらしいといという事が、山本の義兄だという人の口から語られた」というが、山本がその思想の故に就職を阻まれたということも事実である。

さらに、山本一蔵の死にからんで、こんなことも起きた。

『近代思想』大正三年一月号の貝塚渋六（註、堺利彦）の一文によれば、「自殺した山本一蔵君の友人で、主として其の跡始末の任に当った深沢岩十君は、其故を以て小学教師の職を奪はれ、今では売文社に入って居る。僕はまだ自殺しないと云って居る」

そうした権力の暴圧がまかり通る時代であったが、この山本一蔵の死を、すぐ海外にレポートした社会主義者もいる。片山潜である。彼はベルギー社会党機関誌「ル・プープル」などに、山本一蔵の死をこう報じた。「山本一蔵の死は、社会主義が日本に於て受けたる取扱の直接の結果に外ならず候。之に依り、吾人同志が其の研究と生存競争とに於て如何に追窮せられつつあるか判明可致候」

そして、いかに山本が官憲に就職を妨害されたかを、「此処に於て氏は数箇月間市中を徘徊し、職業を求めたるも、常に刑事に妨げられ、其の目的を達すること能はざりし為……」といった報告をしている。

しかし、これは、「小鳥、木の葉、子供の歌、女の微笑等の平凡な事実が、文明に疲れた心に突然異様な響を与へて、我等の肉を震はせ、血を凍らせることがある。我等は何故この異様な恐怖を覚えるか、或は人生永久の秘密がここに宿ってゐるかもしれぬ」（「アンドレイエフの描きたる恐怖」）、といったセンシブルな文章を書いた山本飼山の死を、政治的に単純化してしまったものと言えよう。飼山の自殺は、時代的な死とは言えるが、官憲の圧力で就職できなかった為というような単純な死ではない。

　もし渡辺政太郎が外国の社会主義機関誌に山本一蔵の死をレポートしたとしたら、片山潜のような政治的な文章は決して書かなかったのではあるまいか。若くしてみずから生を絶たねばならなかった一蔵の苦悩を己が苦しみとする文章になったに違いない。

第六章

一　辻家の食卓

大正三年一月、堺利彦主宰の『へちまの花』が創刊された。一部三銭のうすっぺらな雑誌だが、時代の新風を呼ぶものだった。「別に業々しい主張も抱負もないが、只売文社といふ殺風景な商店にも、これだけの余裕と趣味とのある事を見てほしい」と、堺が序文に書いたこの雑誌について、山川均夫人の菊栄が、その著『おんな二代の記』でこう書いている。

堺氏は大正三(一九一四)年から、『へちまの花』という諷刺的な機関誌をだし、それがまもなく『新社会』という本格的な社会主義、マルクス主義の雑誌に発展しました。この数年間に世間も変れば文体も変り、対句をならべた漢文口調の悲壮な幸徳ばりの名文に、堺、大杉さんらの日常語の平明な文体がとって代りました。

創刊号の第一面には、堺利彦の顔写真に網目をかけたものを黒枠付きで飾り、堺自身が「首の賛」と題する戯文をつけている。

嗚呼是れ堺利彦君のツラなり。恐ろしい悪党面だと評する者もあれど、存外好男子だと思ふ者なきを得せず。網目版の荒きを用ひたのは、必ずしも監獄面会所の金網窓を記念する訳にもあらざるべく、黒枠中に在りと雖も未だ此世を去りたるにあらざること勿論なり。身長五尺一寸、体重十五貫、以て君の余り挙らざる風采を想望すべし、渋六。


さんざん監獄にぶち込まれたが、どっこいおいらは生きているというわけだ。

この頃、堺は、売文社のかたわら、銀座の日本蓄音器（現在のＪＶＣケンウッド）の翻訳係として多少の収入を得ていたし、なんとか食えていた。

『へちまの花』創刊号には、歌人の土岐哀果（善麿）が堺の筆名、「貝塚渋六」を詠み込んだ狂歌も載せている。（註、「貝塚」は千葉監獄の所在地、「渋六」は米四分麦六分の監獄の麦飯からきている）

よのなかをなんのへちまとしぶろくが
　しちぶさんぶのかねまうけかも

発行所は京橋区南佐柄木町の売文社で、社員は、堺利彦、高畠素之、大杉栄、荒畑寒村、橋浦時雄など十三名。官憲記録によると、この頃、渡辺政太郎は、福田英子、吉川守圀、山口孤剣たちとともに、「堺派と関係深き者」として警察にマークされているが、『へちまの花』には関係していない。

この頃、政太郎夫妻は横浜から東京へ引っ越してきて、下谷区入谷町四二、中村光太郎方へ落ち着いたが、福田英子も前後して、横浜根岸から日暮里のはずれの滝野川村中里へ移ってきた。石川三四郎が渡欧してから、英子は呉服行商で生計を立てていたが、この当時の英子の姿を、新宿の中村屋の相馬黒光はこのように描いている。

大正の初め頃、故木下尚江氏の紹介で、錦紗縮緬の白生地《きじ》を行商に来た、昔の理想の人景山英子女史に会ひました。当時は、福田姓で境遇も全く変り、これに昔の夢をもとめるのは無理であったかも知れませんが、まさに幻滅の悲哀を味はひました。会はなかったならば、若き日の女丈夫としての映像を、永久に失はずにゐられたものをと残念でなりません。(「広瀬川の畔」から)

これは初対面の印象記である。若き日の憧れの人だっただけに、黒光は余計に英子の落魄の姿に胸つぶれる思いがしたのだろうが、かつて「東洋のジャンヌ・ダルク」と謳われた英子も、この年すでに数えの五十歳。いまは孤独に苦しみ、持病の心臓病や脚気に悩みながら、生活苦と戦う日々だった。親身なつきあいで、苦境にあえぐ英子の生活の内情から心のひだまで察しがつく政太郎は、滝野川の英子の家へよく顔を出して、陰に陽にかばっていた。

三月一日を迎えた。この日は政太郎にとって忘れがたい日であった。肝胆相照らした同志、赤羽巌穴が千葉監獄で獄死した日であり、今年は三回忌になる。政太郎は巌穴の遺影に線香を手向け、兄に代って信州郷原宿の問屋の家督を継いだ弟、宜十にあてて手紙を書いた。

（前略）

憶《おも》ひ興せば、赤羽兄が主義の為め犠牲の最期を千葉の獄舎に遂げしは一昨年の今朝六時半頃であった。電報に接して逸見氏と小弟で千葉に行ったのは今日の午前十一時頃であった。此の悲報を電報にて貴兄に送信し上京をうながしたのも此の日の午後であって、兄が上京せしは明夜であって、明後日死体引取りの為め、逸見氏、牛込の義弟と、貴兄と余と千葉に赴き、火葬に付したなど、その他、赤羽兄が生前に於ける情義など追憶し、万感交々湧き来り、一人残りて為すなく空しく恥を天下に曝《さら》すのみ、彼を思ひ是を考ふる時、余は生存の意義を失ひ致し候。貴家に於ても貴兄及び一家の人々、亡兄の過去を追憶し、さだめて御悲歎に沈み暮らさるることと存じ居り候。

情せまりて文字もメチャメチャなれ共、いささか心のあり家《か》をお知らせし、今日一日は、地は東西に割《さ》くとも、亡き赤羽兄の為め共に一日泣かんと存じ候。

今より逸見氏を訪ひ、そして牛込の義弟を尋ね、夜に入りては近代思想社に荒畑寒村兄の講演あり、席上にて多少の同志と共に亡兄の事跡を語らんと存じ候。

ほとときす消えても残るありあけの月

真情溢れる鎮魂の書である。獄中で餓死した赤羽巖穴の悲惨な姿をわが眼で確かめたということもあって、政太郎の巌穴の死に対する思い入れは激しいものがあった。三月十三日の各派合同茶話会では、政太郎は口火を切って巌穴の追悼会を開いている。

三月末には、また転居した。今度は、白山《はくさん》下の小石川区指ヶ谷《さしがや》町三番地の小さな借家だった。

この頃、政太郎は、大杉、荒畑が小石川水道端の大下水彩研究所（註、大下藤次郎は明治の代表的な水彩画家、宮嶋資夫の義兄、明治四十四年没）を借りて毎月二回開いていたサンジカリズム研究会に顔を出すようになっていたし、それに、指ヶ谷町には大きな博文館印刷所（註、共同印刷の前身）があって、政太郎は印刷労働者との接触を深めていたので、指ヶ谷町が何かと便利だったのだろう。

日本の労働運動はまだ緒についたばかりだったが、印刷労働者の組織化は早く、政太郎が片山潜の演説を聞いて社会主義に開眼した明治三十二年十一月には、すでに二千余名の会員を擁する活版工組合が発足していたし、労使協調主義の枠を破る動きも始まっていた。

この年の三月末には、ジーメンス事件で山本権兵衛内閣が倒れ、四月十六日に第二次大隈重信内閣が成立したが、その頃、政太郎は滝野川の福田英子の家で、少々風変わりな人物と出会った。教え子の伊藤野枝との恋愛で上野女学校の英語教師の職を失ない、翻訳でなんとか食っていた辻潤だった。日本の社会主義運動を研究に来た中国人が福田英子の家を訪ねてきたが、その中国人が日本語はだめだが英語ならわかるというので、英子が知人の辻潤に通訳に来てもらっているところへ、政太郎が来合わせたのだった。

政太郎と辻潤はたちまち親しくなった。主義に生きる政太郎と、特定の主義に囚われたくない個人主義者の辻潤と、二人の生き方そのものは対照的だが、「自分はいつでも弱者と貧乏人の味方だ。なぜなら、自分は弱者で貧乏人だからである」（註、辻潤）という点に於て同質だったし、それに、世俗に毒されない魂の無垢さ、無欲で自由な人間性に於て共通するものがあったから、初対面にして隔意のない仲になっている。

この福田家での出会いをきっかけに、人なつこくて腰の軽い政太郎は、染井の能楽堂に近い巣鴨区上駒込の借家に住んでいた辻家に足繁く出入りするようになった。

平塚らいてう主宰の『青鞜』同人として活潑な活動を始めていた辻の年若い妻野枝——らいてうの表現によれば「何処か野性的の処のある血色のいい顔や、無邪気に話す大きな声や、締った筋肉やよく発育した肉体」の伊藤野枝とも、たちまち気のおけない仲になり、前年の九月二十日に生まれていた長男の一《まこと》の子守りを子供好きの政太郎は喜んで買って出た。

辻潤は、大正十二年稿の「ふもれすく」に渡辺政太郎の想い出を次のように書いている。

渡辺君は今は故人だが、例の伊豆の山中で凍死した久板君などと親友で、旧い社会主義者の間にあってはかなり人望のあった人であった。渡辺君は死ぬ前には「白山聖人」などと云はれた位な人格者であったが、僕はその時から非常に仲がよくなった。

渡辺君はその時分、思想の上では急進的なつまりアナキストであるらしかった。僕は渡辺君が何主義者であるかそんなことは問題ではなかった。僕は渡辺君が好きで、渡辺君を尊敬してゐた。

その後大杉君を僕らに紹介したのもやはりその渡辺君であった。

渡辺君は、僕の子供を僕ら以上の愛を持って可愛がってくれた。僕の親愛なるまこと君は今でもそれを明らかに記憶して、その叔父さんをなつかしんでゐるのである。

『或る百姓の家』の著者江渡狄嶺君を僕に紹介してくれたのもその渡辺君であった。狄嶺氏とはしばらく音信消息を断絶してゐるが、僕は江渡君のやうな人が存在してゐることをひそかに心強く感じてゐるのである。僕が氏を信じてゐる如く、氏もまた必ず僕のことを信じてゐてくれることと自分は堅く信じてゐる。僕は時々ひどくミザントロープになるが、さういふ時は必ず僕は江渡君や渡辺君のことを思ひ出すのである。

東京帝大法科に入りながら、中退して武蔵野の百姓として大地に根をおろし、特異な農の思想を形成していた江渡狄嶺と、妻野枝が大杉栄に走ったあとは酒に溺れ、尺八吹きの浮浪者となっていく辻潤とは、その道は遠く隔っていったように見えるが、その反俗的な精神は深いところで重なっており、ふたりを結びつけた政太郎も、その輪の中に立っていた。

政太郎が辻家に出入りし始めた頃、若い妻の野枝は、日に日に根を張り枝を伸ばしてゆく繁殖力ゆたかな植物にも似た成長を見せていた。何よりも彼女を育てる土壌となったのは学殖ゆたかな夫の辻潤だが、その生活の周縁は知的刺激に富んでいた。

当時、『青鞜』の事務所は巣鴨駅に近い同人の保持研子《やすもちよしこ》の借家に置かれていて、辻家から近かったし、主宰者の平塚らいてうも年下の奥村博と同棲して、一月中旬にはとげ抜き地蔵の裏通りの植木屋の離れに移って来ていたので、野枝はらいてうとの接触も深め、まだ数えの二十歳という若さながら、いつしか『青鞜』の中心的な働き手のひとりになりつつあった。

それに、辻家の隣には野上豊一郎、弥生子《やえ》夫妻が住んでいたし、程近い巣鴨宮仲には、半獣主義を唱える作家岩野泡鳴、清子夫妻も住んでいて、辻夫妻と交流があった。

そのうち、平塚らいてうと奥村博は辻家の前の借家に移って来て、昼と夜は辻家で野枝が支度した食事を食べるようになったが、これは長続きしなかった。らいてうはその『自伝』に辻家の食事のことを記している。


ところで、野枝さんのつくってくれる食事ですが、いま思うと、よくあそこで食事をしたものだと、おかしく思われます。あのころ、辻さんのお母さんたちとは、どういうわけがあってか、別居していたからでしょうが、家のなかには炊事道具などほとんどなく、金盥《かなだらい》がすき焼鍋に変わったり、鏡を裏返して俎板《まないた》代りに使われたりしていました。茶碗などもないので、一枚の大皿に、お菜とご飯の盛りつけです。

（中略）

野枝さんのせっかくの好意ではじまったこの共同炊事を、生まれつき肉嫌いで、食物に好悪のひどい奥村が我慢しきれないのは無理もありません。一ヵ月も続かなかったかと思います。


辻家を訪れると、政太郎はいつもそんな八方破れの野枝の主婦ぶりをにこにこ眺めながら、雑巾をかけてやったり、遠慮なく金盥のすき焼にも加わったり、幼ない一《まこと》の遊び相手をしてやったりして、辻家にはまり込んでいた。

二　大杉栄と伊藤野枝

大正三年初夏、巷では「カチューシャの唄」や「マックロ節」がはやっていた。「カチューシャの唄」は、この三月、芸術座で初公演したトルストイの「復活」の劇中歌で、主演の松井須磨子が歌って人気を呼び、やがて映画やレコードにもなって、

〽カチューシャかはいや　わかれのつらさ

という歌声が全国にひろがっていた。
これを大正のロマンチシズムとすれば、添田唖蟬坊の「マックロ節」は、革命運動や労働運動に激しく弾圧が行われた一方で、ジーメンス事件のような軍人がらみの汚職事件が問題となった時代の暗部を照射するものだった。

〽労働者　下司よ下郎よとバカにする
それが開化か文明か
労働者がなけりゃ　世はマックロケノケ

唖蟬坊のひとり息子の添田知道は、その著『演歌の明治大正史』に、この時代を次のように書いている。

　表面あかるく実質に暗い年の、マックロ節の流行は、自嘲をふくめた民衆の黒い笑いであったといえる。各地に電灯や電車の値下げ運動がおこり、焼打ちもあったが、いずれも鬱憤ばらしに終って、未だ政治的要求にまで高まらなかったのは、後のいわゆる「意識の低さ」でさえなく、底辺大衆は実に長く政治的無縁者として馴らされ切っていたからで、だからせいぜいが自然発生的な小暴動に散発するしかなかった。

ほぼ的確な状況分析と思われるが、そうした状況のなかで、渡辺政太郎は子供相手の一銭床屋でわずかな生活の資を稼ぎながら、地道な活動を続けていた。

そして大杉栄、荒畑寒村が主宰するサンジカリズム研究会に参加して、急進的な労働運動を革命の手段とし、資本主義の廃止、さらに政治的国家を否認して、労働組合の連合体による経済的管理を主張するアナルコ・サンジカリズムにすっかり共鳴して、理論を原書で学ばねばならぬと、大杉の指導でフランス語の勉強まで始める熱心さだった。

六月二十日には、東京モスリン工場で職工二千八百人が同盟ストを敢行した。政太郎はますますサンジカリズムに対する確信を深めるが、その頃、彼に悲憤の涙を流させる出来事も起こった。

六月二十四日、大逆事件に連座して秋田監獄に入獄中だった新宮の僧侶高木顕明が、獄房で縊死して果てたのだ。大逆事件で無期刑となった十二人のうちの最初の痛ましい獄死だった。（この大逆事件無期囚の獄死は、さらに、大正五年五月、三浦安太郎、諫早監獄で縊死、同年七月、佐々木道元、千葉監獄で病死、同六年七月、岡本頴一郎の病死、同八年三月、峰尾節堂の病死、と続く）

七月末には第一次大戦が起こり、八月末には日本政府もドイツに宣戦布告して、中国の山東省に出兵した。

その参戦から間もない九月六日夜、渡米することになった片山潜の送別会が、京橋八丁堀の貸席青柳亭で、会費二十銭で開かれた。堺利彦、大杉栄、荒畑寒村、福田狂二、添田啞蟬坊、幸内久太郎、原子基、それに江渡狄嶺や、片山と喧嘩別れしたうえ運動から離脱していた西川光二郎まで、二十五名が参加したが、これには政太郎は顔を出していない。同志の入獄の見送り、出獄の出迎え、送別会などには、実にこまめに顔を出していた政太郎としては異例のことである。

片山潜は、同月九日に横浜から出港したが、そのときも見送らなかった。

ふたたび日本へ帰ることがなかったこの片山の最後の渡米については、片山自身、その自伝に、「今回の渡米は、日本で逆境に堪へ得ないからである」と書いているし、送別会に出席した荒畑寒村も、その『自伝』の中で、「私は、この労働組合運動の開拓者、社会民主党の創立者の一人が、日本にいては運動もできず生活にも困るから米国に行くと述べたのを聞いて、私たちのような後輩すら運動の復興再建に躍起になっているのに！　そう思って涙がこぼれた」と書いている。

社会主義者が逆境や貧苦に耐えるのは当然のことと心得ていた政太郎としては、この困難な時期での片山潜の渡米は戦線からの逃亡と見なすほかなく、送別会にも見送りにも参加しなかったのだと思える。政太郎は友誼には厚いが、納得できない事には厳しかった。

この片山渡米の九月、大正元年十月創刊の大杉、荒畑の『近代思想』が廃刊になった。すでに大杉は五月号に載せた「知識的手淫」の中で、「ブルジョア青年を相手にして、訳のわからぬ抽象論をするかわりに、僕等の真の友人たる労働者を相手にして、端的な具体論に進みたい」と、知識的手淫に堕した雑誌の廃刊を予告していたが、満二年を迎えた九月号で廃刊して、「平民新聞」を月刊で復活させ、運動の新しい拠点とすることを考えていた。

この頃、大杉栄は、渡辺政太郎の紹介で、初めて伊藤野枝と出会っている。やがて結ばれ、その悲劇的な死が大正史を飾ることになる二人のこの出会いは、渡辺政太郎の引き合わせによるものだった。

この頃、辻潤、野枝夫妻は、親子三人で過した上駒込での生活に終止符を打って小石川区竹早町の借家に移り、辻の母みつ、妹つね夫婦と同居する生活に変わっていたが、野枝はますます家庭の枠にはおさまりきれない女になっていた。

すでに平塚らいてうの片腕として『青鞜』の編集を担っていたし、この年の二月からは、アメリカ帰りの山田嘉吉（註、山田わかの夫）が四谷南伊賀町の自宅で主宰するレスター・フランク・ウォードの『純粋社会学』などの研究会に、毎週二回、赤ん坊の一《まこと》を背負って出席していた。

当時の自分の心情を、野枝は「乞食の名誉」という小説のなかでこう表現している。

レッスンが済むと、何時ものやうに熱いお茶が机の上に運ばれた。子供はとし子（註、野枝）の膝の上に他愛なく眠ってゐた。快活なY氏夫妻（註、山田嘉吉、わか）の笑顔も、其の夜のとし子には何の明るさも感じさせなかった。小さなストオブにチラチラ燃えてゐる石炭の焔をみつめながら、かたちばかりの微笑を続けてゐる彼女は、其のとき惨めな自分に対する深い憐憫の心が熱い涙となって、今にも溢れ出さうなのをじっと押へてゐたのだった。

翻訳の業はあるものの、ほとんど収入はなく、世の中を斜めに眺めているだけの夫との心のへだたり、新しい思想を吸ってどんどん広がっていく自分の世界、そして、姑、小姑との同居生活のわずらわしさ。さまざまな軋みのなかで、野枝は脱皮の季節を迎えようとしていた。

そんな時、大杉栄が渡辺政太郎に案内されて竹早町の辻家に現われた。野枝と大杉はこの時が初対面であったが、ふたりはすでにそれぞれ相手のことを知っていた。大杉は大正二年二月十五日、神田の基督教会館で開かれた青鞜社講演会の壇上で、まだ女学生のような野枝の姿を見ていたし、『青鞜』もよく読んで、野枝に関心を持っていた。『青鞜』大正三年三月号に野枝が訳載した（実際は辻潤の翻訳と言われるが）エンマ・ゴールドマンの「婦人解放の悲劇」を、『近代思想』五月号で次のようにとりあげ、好意的に評したこともあった。

かう云っては甚だ失礼であるかも知れないが、あの若さでしかも女といふ永い間無知に育てられたものの間に生まれて、あれ程の明晰な文章と思想とを持ち得た事は、実に敬服に堪へない。これは僕より年長の男が、等しく亦らいてう氏に向っても云ひ得た事であらうか。しかし、らいてう氏の思想は既にぼんやりした或所で固定して了った観がある。僕は氏の将来よりも寧ろ野枝氏の将来の上に余程嘱目すべきものがあるやうに思ふ。

一方、野枝のほうも、ずっと『近代思想』を読んで、大杉栄に注目していたし、彼女に決定的な影響を与えたエンマ・ゴールドマンの存在も、最初は『近代思想』誌上での大杉の紹介によって知ったものだった。

エンマ・ゴールドマンは、ロシア生まれだが、十六歳のとき渡米して無政府主義者になり、反戦運動や産児制限運動で何度も投獄されたが、屈せずに戦い続けた女性である。野枝はこのエンマ・ゴールドマンに導かれて社会主義思想の洗礼を受けたとも言える。

大正四年に発表した小説「転機」のなかで野枝はこう書いている。

私に、特にさうした、はっきりした根のある夢想を持たせるやうに導いたのは、山岡（註、大杉栄）が二、三年前に創めた「K」雑誌（註、近代思想）であった。私は何にも知らずに、そのうすっぺらな創刊号を手にしたのであった。私の興味は一度に吸ひ寄せられた。号を逐ふて読んでゐるうちに、段々に雑誌に書かれるものに対する興味は、其の人達の持つ思想や主張に対する深い注意に代って行った。そのうちに私の前に、もっと私を感激させるものが置かれた。それは、エンマ・ゴオルドマンの、特に、彼女の伝記であった。私はそれによって初めて、伝道と云ふ「奴隷の勤勉をもって働き、乞食の名誉をもって死ぬかも知れない」仕事に従事する人達の真に高価な「生き甲斐」と云ふやうなものが本当に解るやうな気がした。

野枝はエンマ・ゴールドマンの「乞食の名誉」に深い啓示を受けているが、渡辺政太郎はまさに、その「乞食の名誉」を担って死ぬべき人間として野枝の前に現われて、主義を説き、辻潤と野枝の間の息子まこと君をかわいがり、掃除洗濯まで手伝いながら、にこにこ顔で迫害多い社会主義運動に入る門を開いてみせたのだった。

社会主義に関心を持ちながらも、その資質からして主義者との関与を避けていた辻潤も、善良さまるだしで「乞食の名誉」を担う渡辺政太郎にだけはすっかり心を許していたので、野枝も夫に気兼ねなく、政太郎に連れられた大杉を迎えることが出来ている。

その運命的な野枝との出会いを、大杉栄は「死灰の中から」の中で、次のように書いている。

「ほんたうによくいらして下さいました。もう随分久しい前から、お目にかゝりたいお目にかかりたいと思ってゐたんですけれど」

彼女は初対面の挨拶が済むと親しみ深い声で云った。

「まあ随分お丈夫さうなんで、わたしびっくりしましたわ。病気で大ぶ弱ってゐらっしゃるやうにも聞いてゐましたし、それにSさん（註、堺利彦）の「OとA」（註、大杉と荒畑）の中に「白皙長身」などとあったものですから、丈はお高いかも知れないが、もっと痩せ細った蒼白い、ほんたうに病人々々した方とばかり思ってゐたんですもの」

「ハハハハハ。すっかり当てがはづれましたね、こんなまっ黒な頑丈な男ぢゃ」

（中略）

そして嘗つてS社（註、青鞜社）の講演会で、丁度校友会ででもやるやうに莞爾々々《にこにこ》しながら原稿を朗読した、まだ本当に女学生女学生してゐた彼女が、すっかり世話女房じみて了《しま》った姿に驚いて、暫く黙って彼女の顔を見つめてゐた。

こうして大杉と野枝の交流が始まった。

この頃、『近代思想』を廃刊にした大杉と荒畑は、さっそく「月刊平民新聞」の準備にとりかかったが、厄介なことが一つあった。

文芸雑誌と違って、時事問題を論じる出版物となると、保証金が要る。東京市内だと、月三回以下の発行で五百円である。そんな大金はおいそれと支度できない。しかし、東京市外三里以上だと、半分の二百五十円ですむことになっていた。そこで、窮余の策としてふたりが考えついたのが、荒畑寒村が北多摩郡武蔵野村吉祥寺に居を移し、そこに発行所を置くことだった。

当時の吉祥寺は、飯田町から出る甲武線の一駅だったが、駅舎の灯りはまだランプであり、駅前にひとかたまりの家があるだけで、まわりは畑や竹藪ばかり、豆腐屋や銭湯もなかった。そんな鉄道の駅があるだけの辺鄙な土地だったが、保証金半額の魅力には勝てなかった。

この頃、渡辺政太郎も、埼玉県片柳村の臼倉甲子造の発意を受けて、雑誌発行の準備を進めていた。これが月刊『微光』である。

まず十月十五日、吉祥寺の荒畑宅を発行所として「月刊平民新聞」が創刊され、後を追うように、十月二十日、『微光』が創刊された。

「月刊平民新聞」は、四六倍判十ページ、定価三銭五厘、毎月十五日発行で滑り出したが、なにしろ当局が最も危険人物とマークしていた大杉栄と荒畑寒村が編集する新聞である。その猛烈な弾圧ぶりを、『寒村自伝』はこう記している。

弱ったのは、平民新聞の初号から発禁を食ったことだ。禁止の理由も部分的なものではなく、全紙面を通じて安寧秩序に有害だというのだから、如何とも策の施しようがない。二号も同断、三号も例外でなく、同時に印刷所が警察の干渉で断わるので、私たちは毎号新しい印刷所探しと、警察の厳重な監視の目をくぐって刷上がった新聞を運び出し、発禁前に安全な場処に隠すのと、尾行をまいて工場外に配布するのとで奔命に疲れてしまった。

この警察とのしぶといいたちごっこを、荒畑寒村は「夜の自動車」という短篇小説にも書いているが、それには渡辺政太郎も登場する。

大正三年十二月十八日――この日は、明治四十一年春に着工した赤煉瓦の東京駅が、六年半の歳月と工事費二百八十万円をかけて完成し、その開業式が行なわれた日だった。

折から凱旋した青島《チンタオ》攻略司令官神尾光臣中将が品川駅から乗車して新装成った東京駅へ降り立ち、開業式に花を添えるといった演出もあったが、そのあと政府高官を乗せた横浜までの試運転で故障が起き、列車は品川付近で立ち往生という騒ぎだった。

その夜のことだ。銀座の印刷所で「月刊平民新聞」第三号が刷りあがって、「夜の自動車」の寸劇が始まる。

> 東京駅の開通、花の日会、某将軍の凱旋さういふ賑ひの一時に集まった十八日、私は予《かね》て同志と打合せてあったので、夜の八時頃から印刷所へ出かけて往った。天金の角を曲ると、蛇の目鮨の前辺りに、外套を着た男が二人、帽子を眉深《まぶか》に被って、軒下に身を寄せて居た。ハ、ア居るナと思ひ乍ら、印刷所の角まで来ると、筋向ひの家の軒下にも、やはり二人立ってゐる。
>
> （中略）
>
> 私は印刷所の扉《どあ》を開けて内部へ入った。暖炉《すとーぶ》は赤く灼け、電燈は明るく輝やいて、卓《ですく》に倚《よ》った事務員達は皆急しげに帳簿をつけてゐた。同志のOと、Wと、Aとの三人も、またその狭い事務室の一隅に立って居た。

「私」は荒畑寒村であり、「O」は大杉栄、「W」は渡辺政太郎、「A」はのちにスパイとして摘発された有吉三吉である。要注意人物の周辺には、たいてい警察のスパイが配置されていた。

さらに、「和服の上に外套を着て、マドロス煙管《ぱいぷ》をくはへたY（註、吉川守圀）」もやって来る。新聞が刷りあがると、大杉はまず若い有吉に百部ほど持たせて社へ走らせ、自分たちはタクシーを呼んで新聞を持ち出すことにする。

タクシーが東京に初めて姿を現わしたのは二年前の大正元年八月のことで、最初はT型フォード六台だけだった。この当時もまだわずかな台数で、おそらく政太郎など、これが思いがけないタクシー初乗りだったことだろう。

天金の角には、四人乗の自動車が一台置いてあって、運転手は既に扉を開けて待って居た。私の尾行はすぐ車尾の番号を手帳に記した。Y、O、Wの三人は続いて乗り込んだ。が、新聞の包みに席を塞がれて、Yなどは中腰になって立ちながら、

「自動車は今夜が初めてだが、監獄の馬車より余っ程窮屈だねえ」と云って笑って居た。

タクシー運搬の奇手で、私服の包囲網を切り抜けた彼らは、新聞の一部を知り合いの神田の菓子屋に預けた。発売禁止はまず確実だから、少しでも隠匿しておこうとしたわけだ。

翌朝、案の定、発売禁止命令が出たが、神田の隠匿分を同志に配布する役を請負っていた政太郎は頭を抱え込んでしまった。新聞を預けた菓子屋の二階に、事もあろうに警視庁の警部補が下宿していることがわかったのである。早く安全な場所に移さなければならないが、政太郎も尾行つきで、昼間は危険な動きは出来ない。困った政太郎は、野枝に窮状を訴えた。このときのことは、大杉栄も「死灰の中から」に書いている。

W（註、渡辺政太郎）は毎日のやうに往き来しているN子（註、野枝）に頼むともなしに其の話をした。彼女は直ぐに車を駆って其の雑誌（註、「月刊平民新聞」のこと）を持って来て自分の家に隠してくれた。僕は一と月ばかりあとで其の事を聞いた。そして、其のお礼かたがた、丁度其の号の雑

誌が少し入用だったので、クロポトキンの『パンの略取』を一部お土産に持って再び彼女を訪ねた。

大杉たちは悪戦苦闘をしながら刊行を続けたが、激しい弾圧に身動きがとれなくなり、「月刊平民新聞」はわずか六号で廃刊に追い込まれた。

しかし、大杉たちの果敢な戦いは、多感な野枝を感動させ、大杉栄との運命的な恋に走らせることになる。

第七章

一　『微光』――暗夜の螢

「労働者の解放は労働者自らの仕事でなくてはならぬ」というスローガンを掲げて、大杉栄、荒畑寒村が「月刊平民新聞」を創刊した大正三年十月、数日遅れて、渡辺政太郎、臼倉《うすくら》甲子造《かしぞう》・静造《せいぞう》兄弟によって、月刊誌『微光』が創刊された。

この発行を思い立ったのは臼倉甲子造である。彼は埼玉県北足立郡片柳村（現在、さいたま市）の地主の長男で、早稲田中学を出たが、明治四十年十月、片山潜主宰の「社会新聞」に、北足立郡甘諸商組合が耕作農民から俵代を徴収することに対する抗議文を投稿したのをきっかけに社会主義運動に近づき、四十二年夏頃から大宮署の尾行が常時つくほどの要注意人物になっていた。

臼倉家は七町歩の田畑を持つ片柳村第二位の地主で、自宅には村役場が置かれ、父親は書記をしていた。そのため田畑の管理は長男の甲子造に任され、甲子造はかなり金銭の自由がきく立場にあった。その資力をバックに雑誌発行を思い立った甲子造は、「東京社会新聞」時代に親しくなり、最も信頼していた渡辺政太郎の協力を得て、『微光』発刊に踏み切った。

創刊号は、大正三（一九一四）年十月二十日発行。臼倉甲子造は明治二十年十月二十日の生まれなので、満二十七歳の誕生日を記念しての創刊だった。

発行兼編集人は臼倉甲子造で、印刷人は渡辺政太郎。発行所は東京市小石川区指ヶ谷町三番地（渡辺方）微光社。

四六倍判四ページで、定価は郵送料とも二銭。十部まとまれば十五銭。五十部になれば五十銭。毎号三千部を刷り、その発行には毎月十五円かかったが、その経費は全額、臼倉甲子造が負担した。米一俵売れば、なんとか一号出すことが出来た。

創刊号には、臼倉甲子造が「発刊の辞」を書き、K生（註、甲子造）の「愛の話」、碧郎（註、静造）のモーパッサン「ユダヤの老爺」の翻訳、草水山人（註、原子基）の歌謡調の農村詩「芋」などが並び、政太郎夫妻は短歌を一首ずつ載せた。

踏み迷ひ野道畔《あぜ》道分明《わか》ぬとき
　飛ぶや螢の恋しかりける　　　　渡辺政太郎

微かなる光りも後に大いなる
　努力と共に世を照らすらむ　　　若林八代子

おそらく誌名『微光』は政太郎の発案だったのではあるまいか。暗夜のような今の世に、このささやかな雑誌が、野道の螢のような微光となれば、という思いを託したものと思われる。妻やよも同じ気持を詠んでいる。

第二号（十一月二十日発行）には、政太郎は「北風生」の筆名で、「嗚呼吾が村」と題するかなり長い詩を書いている。

オー懐しき吾が村
　オー懐しきかな吾が里
吾れ汝と離れ二十有余年
　時に北海の厳寒と闘ひ
時に南方の炎熱と争ひ
　また時には紅塵萬丈の巷に
猛烈なる生存競争を味ふ
　波瀾重畳此の間《あい》だ
汝を忘る一日もなし
（中略）
オー吾が村　オー吾が里
　鎮守の森は誰が斯く赤裸《はだか》にせし
祖先伝来の共同墓地は
　誰が何処に持ち去りしぞ
吾等が教を授《さず》けられし寺院は

　また何処《いずく》に消え果しぞ
魚《うお》を釣りし川　鳥を追ひし林
　蟬指せし森　トンボを捕し草原
螢を探せし小河の流れ
　新ちゃん耕作やん鶴やんは
今何処《いずく》で何を……
　北海で巡査　台湾で警部
満州で土工　東京で商売
　駿河で職工　マニラで大工
狂人　死亡　窃盗　行衛不明
　オー吾が村よ　吾が里よ
汝　昔し郡中第一の富裕
　風俗敦厚　地に農商
豊富なる者の夥《おびただ》しと
　呼ばれし吾が村　吾が里よ
アノ田　アノ畑　アノ水車
　アノ入合《いりあい》三十余ヶ村の顧客
今　如何にかせし

（後略）

素朴な詩だが、農民が田畑から追い立てられてゆく村の変貌、故郷喪失の悲しみを、真率に謳いあげている。

この号から第四面に広告が載っているが、みな政太郎の知人関係のものである。たとえば、堺利彦の「売文社（営業案内）」『へちまの花』、大杉たちの「月刊平民新聞」、逸見斧吉の「金鶏ミルク発売元」、逸見山陽堂」、吉川守圀の「諸新聞雑誌案内広告取扱所」、原子基の「何んでも買入所」などで、おそらく広告取りは政太郎の役目であり、収入源でもあったろう。

『微光』に毎号のように詩を書いている、かつての静岡三人組の原子基は、この頃、古物商で生計を立てており、広告は、

「天下同情ある諸士に。

私は万年町通に出て、附近の貧民労働者に安く古物を売って居る道路商人で有升《あります》云々」

この原子基はのちに出家して僧侶になるが、彼もまた、政太郎と同じく「乞食の名誉」を担う男だった。

政太郎は最初、雑誌刊行に不慣れな臼倉を補助する形だったが、号を重ねるにつれ、生来の熱中癖が現れ、だんだん『微光』にのめり込んでいった。第三号から「編輯便り」を書き始めるし、第五号では、一面に論説「田子作演説の一段」、三面には散文詩と短歌、四面には「妻の死亡せし友を訪ふ」と、ひとりで紙面の大半を埋めている。

政太郎夫婦が翌年の三月初旬に、指ヶ谷町の借家を引き払い、白山上《はくさんうえ》に登る途中にある古本屋南天

堂の二階へ引っ越したので、『微光』の発行所も、第六号から小石川区白山前町三八に変っている。

この南天堂の二階へ引っ越したのは、たぶん辻潤の紹介で、家賃が格安だったためだろう。南天堂主人の松岡虎王麿は、新内好きの江戸趣味の男で、江戸ッ子の辻潤と親しかった。

松岡はのちに、店の二階にレストランを設けたが、そこはアナキズム系文士のたまり場になった。常連は、辻潤、宮嶋資夫、田戸正春、百瀬晋、さらには大正十二年一月創刊の詩誌『赤と黒』の萩原恭次郎、岡本潤、壺井繁治、小野十三郎や、尾崎喜八、間宮茂輔、林芙美子、平林たい子などで、大正文学史に刻まれる特異な店となった。

この南天堂に政太郎夫妻が住みついたのは、この二階がレストランに改造される前のことだが、彼らの部屋は三角形の妙な六畳間だったので、やがて仲間たちから「三角二階」と呼ばれるたまり場になった。

近藤憲二が渡辺政太郎と初めて出会ったのはこの頃のことで、近藤はその出会いを『一無政府主義者の回想』のなかでこう書いている。

大正四（一九一五）年ごろ、日本橋の新常盤町で毎月一回ひらかれていた近代思想社主催の平民講演、これは私がはじめて出席した社会主義者の集まりであったが、その夜集まった三十幾人のなかに、とくに私の注意をひいた人があった。頭の髪もひげも不精をとおりこしてのび放題にのばし、よれよれの木綿着物に、やはりよれよれの木綿袴をはき、こよりの羽織ひもをつけたおやじである。私はその風体を一見して、これは監獄から出てきたばかりの男にちがいないと、ひとりできめていた。監獄からというより牢屋からといった方がふさわしいほど、それほど昔の牢獄人を思わせる風体だった。

ところが、よく見ると、このおやじ実にやさしい眼をしている。ぬけた前歯からどもりども り話すしゃがれた声にも、やせた頰にうかぶほおえみにも、どこか親しめるものがある。集まりが終ったころ、このおやじが風呂敷包みをといて、みんなに小さな新聞を配った。『微光』という四六倍判四ページのものであった。そして新参者の私には、僕らも別に集まりをしているから来いといってくれた。このおやじが、のちに私が渡辺の小父さんとして親しんだ渡辺政太郎氏だったのである。

こうして近藤憲二は、南天堂の「三角二階」の常連になるが、政太郎に心服するようになった出来事も、次のように書いている。

ある日、おそくなったので、私はこの「三角二階」に泊めてもらうことにした。貧乏世帯に余分の蒲団があろうはずがない。

「僕といっしょに寝よう」

渡辺さんはいった。

「さしちがえて寝れば暖かいよ」

そして、寒くないか寒くないかと幾度もいって、私の足を風呂敷でつつんで抱いて寝てくれた。

私はそのときのことを忘れない。私はいろんな点で大杉栄、荒畑寒村に教えられるところが少なくなかった。思想的に最も多く導いてくれたのはこの二人である。しかし私を、ほんとうに社会主義運動の中で生死しようと決心させたのは、渡辺さんの愛であった。大杉たちが思想的父であるなら、渡辺さんは私の思想的母である。

旧約聖書の伝道之書第四章に、「二人は一人にまさる。そはその労苦のために善き報いを得ればなり。即ち、その倒るる時には一箇の人その伴侶を助け起こすべし、されど孤身《ひとり》にして倒るる者は憐れなるかな、之を助け起こす者なきなり。また二人ともに寝《いぬ》れば温煖《あたたか》なり、一人ならばいかに温煖ならんや」という章句があるが、キリスト者の愛から出発した政太郎は、社会主義者となっても、なお聖書の教えをわが血肉とし、「二人の温煖」さらには「多数者の温煖」を、わが使命としていた。

南天堂の「三角二階」で、この近藤憲二の回想が象徴するような深い人間的な影響を若者たちに与えながら、政太郎は『微光』にも熱中していった。どんどん彼の書く量がふえ、彼の個人誌のような色彩を帯びていった。その論説的なものにはあまり見るべきものはないが、編集後記はおもしろく、身なりも言葉も飾らない率直さ、巧まないユーモア、ひたむきな行動力など、彼の人柄がよく現れているので、政太郎の筆になる編集後記を三例拾ってみる。

第三号（大正三年十二月）

▲「微光社」連中が如何《どん》な柄合の人間どもか、最早諸君にも解っただらうと思ふ。何しろこれからソロ〱本裁《ほんだち》を着て大手を振って歩くやうに成りたいのだから有《あら》ゆる方面の研究と観察が必要なのだ。内に居ては仕事の合間〱に読書もしよう、外に出ては実地研究をもしたい。そこで一月以後は何処も同じく農業閑散の折りだ。この機を利用して普《あま》ねく友を天下に求め、相互扶助の関係で智識の交換、交際の親密を図りたいと思ふ。

（中略）

志を同ふし、想ひを等しふする友あらば、一葉の端書、一本の手紙を送って呉れ給へ。勿論諸君の招きを待つばかりでない、コチラからグイ〱押しかけて行く。その時は一汁一飯で一夜の雨露を凌がして貰ひたい。

兎に角この世味辛《せちがら》い世に『微光』なんてアッテモ無くても宜《い》いやうなものを出して、眼を白黒させながら息を切り〱世渡りして居る馬鹿者に遇ふて見るのもまた一興ではあるまいか？追々は馬鹿者旅行記でも載せませう。

水鼻と剣突《けんつく》を呑む政太郎

此処が道場此処が破戒

第六号（四年三月）

▲『微光』発行この方、一号より受取って居る人々で、ウンともツブレたとも云ふて来ぬ人々には、甚だ失敬の申分だが、此の号が着いたら入用とか不用とかの端書を一枚宛送ってください。

社の経済もさう豊富でもありませぬから不必要の方のは止めて必要の方へ廻します。それが相互の利益であるから此の際えんりょも何も入らない。唯だ端書一枚で事は足ります。ドウゾさう願ひます。

第八号（四年五月）

▲僕は元来随分我儘者で、ノタレ死んでも人の腰巾着や、お髭のチリ払いなぞするものかと力み返って居るものだから、さうたいして友達もないが、さてその代り気の合った友達ときたら、夜を徹して話すといふ質《たち》なんだ。他所《よそ》に行って帰《ほうき》を立てられ、その上に手拭をかぶされ、下駄にキウをすゑられても、ナカ〳〵帰らない方だ。殊にご馳走でもありさうな臭ひがしたらソレコソ動かない。出せば日頃の栄養不良を挽回する時は今だと思ふて、眠気がさすまでホウばるのである。夫《そ》れで心安い友達が、何時《いつ》か僕の特徴を云ひ表はさうか、二つある、大食と馬鹿正直だと云ふた。この正直はチト怪しいが、大食は的中して居る。

この間他所に行ったら大きな犬がゐて吠えて仕方ないから、噛《か》んでふくめるやうに、おれよりお前の主人が怪しいんだが、ナカ〳〵承知せぬ。この家の主人は人間で足りないで犬まで買収してゐやがると思ふてチト癪にさはった。

オーポチや　お門違ひだ吠《ほゆ》るなよ
　おらは貧乏　根から正直

とやったら、犬も可笑《おか》しくなったと見えて笑ひ出して、クン〳〵と云ひながら走って行って仕舞ったから、さう〳〵帰って来た。

戯文調でよく己れを語っているが、政太郎はまさに「根から正直」な男であった。

その一途さで、『微光』経営に奮闘したが、『微光』は九号にして廃刊に追い込まれてしまった。村役場の書記をしていた臼倉の父が、息子たちの危険な道楽にうるさく干渉するようになり、遂に兵糧攻めで資金を絶たれたのだ。

大正四年六月二十日発行の第九号が終刊号となったが、その第一面に、政太郎は甲子造と謀って、甲子造が預っていた赤羽巌穴の遺稿「乱雲驚濤」の一節「入郷記」を巌穴遺稿として掲げた。

「入郷記」は、赤羽が母の重病を知ってアメリカから急ぎ帰郷した際の感懐を記した部分だが、赤羽は数年ぶりに見る故郷の変貌——「我が幼時の揺籃たりし桔梗ヶ原も今は大抵鋤かれて畑と為って居る。鉄道は既に此の曠原を貫通して居る」といった変貌を描いて、こう続けている。

あゝ文明と称する悪獣は随処に自然を蚕食して銭神《マンモン》への礼拝堂を建てんとして居るでは無いか。僕は故郷の土を踏む第一歩にして愈々現代文明を咒詛するの火を燃やし、益々現代文明を嫌悪するの情を深くした。僕はどうしても近代文明の謀叛人であるのだ。

第九号の巻頭に赤羽の「入郷記」を掲げた政太郎のねらったところは、おそらくこのくだりにあったと思われる。政太郎は『微光』誌上で、再三にわたって、農地が潰されて工場が建ち、村の若者たちが労働者として、東京や、満州、台湾に流れてゆく近代化の諸相を、怒りと悲しみをこめて書いている。自然を蚕食する銭神――資本主義への兇詛をこめた赤羽の一文に深く共感するものがあって、あえて掲載したのだろう。

しかし、この第九号を編集する段階では、まだ廃刊の意志はなかったようで、政太郎は「田園の友を訪ふ」という一文を（上）として書いているし、「編輯便り」でも、廃刊には全く触れていない。

▲臼倉両兄の真面目の此の必死の活動振りを見て居ってはなかなか怠けては居られない。僕も負けずと働いて『微光』の成長を助けなければならぬ。我々は元より高遠の理想を以って、それに到達せんとモガイてゐるものだ、このモガキが我々の生命である。（後略）

それが急に廃刊になったわけだが、あるいは、獄死した赤羽巌穴の激烈な遺稿の掲載が、村役場書記である臼倉の父を怖れさせ、即刻やめろと言われたのかもしれない。

この終刊号には、在フランスの石川三四郎から政太郎あての手紙も掲載されている。三四郎は、『微光』（註、たぶん創刊号）を受け取って、「思はぬ所で思はぬ時にはからずも旧友に邂逅したる心地」と書いて、『微光』発刊に拍手を送ったあと、自分の近況をこう伝えている。

私は渡欧以来半年余り下宿屋で無駄飯を食ひましたが、その後英国にて五ヶ月間皿洗ひ奉公をし、再びブルッセル市に帰りペンキ屋から装飾師と転じ、そのうち戦争が始まる、独軍が来る、失業する、六ヶ月間籠城する、脱走して白国《ベルギー》を去り、和蘭《オランダ》、英国を経て今は巴里《パリ》を北へ二十里ばかりの所に落ちついてゐます。大きな空家と庭園を授けられて百姓をしてゐます。私が蒔いた温室の菜をもう二回も食ひました。私のやうな農夫として無知無力なものも、自然の助けによって耕作の興味を深く味はふことが出来ます。

只今毎日砲声を聞くのが少なからず不快です。十里北へ行けば其所には毎日鮮血の海、白骨の山が現出されてゐるのです。ツェッペリンの来襲をも見ました。窓を開いてその砲声のスサまじい光景を見たときはなんともいへぬ心地でした。（後略）

政太郎が、ひそかに渡欧する石川三四郎を横浜港で見送ったのは、大正二年三月一日のことだった。翌三年七月末には、第一次世界大戦が始まり、三四郎は落着いて勉学する機会も得ないまま、戦火に追われて各地を転々としていたのである。

政太郎のほうも、三四郎と別れてから、中国革命義勇軍参加、サンジカリズムへの傾倒、『徴光』発刊、「三角二階」の研究会……と、日ごと泡立つような時が流れ、麻布霞町の四畳半で、三四郎の協力を得ながら日曜学校を開いていたことなどは、いつしか遠い日のことになっていた。

二　渡辺教室

大正四年一月末、大杉栄は辻潤の妻、野枝から長文の手紙を受け取った。

三十歳の大杉は、「月刊平民新聞」の相次ぐ発禁で苦戦中だったし、野枝はまだ二十歳の若さながら、一月から『青鞜』の編集権を平塚らいてうから受け継ぎ、「まづ私は今までの青鞜社のすべての規則を取り去ります」などと大胆な発言をしていた時期である。

手紙は、大杉が野枝に送った絵葉書のローザ・ルクセンブルグの写真のお礼から書き出されていたが、単なる礼状ではなかった。

当時、野枝は第二子を身ごもっていたが、すでに夫、辻潤との別離を予感し、心は大杉に傾いていた。

　このあひだは失礼致しました。それから絵はがきを有りがたう御座いました。大変いゝ写真で御座いますね。おとなしい顔をしてゐますのね。すっかり気に入ってしまひました。二十四日の会のこと、渡辺さんに伺ひましたから出たいと思ひましたけれど、夜は当分少し困りますので失礼しました。

（中略）

一昨夜、悲惨な谷中村の現状や何かについて話を聞きまして、私は興奮しないではゐられませんでした。今も続いてそのことに思ひ耽ってゐます。辻は私のさうした態度をひそかに笑ってゐるらしく思はれます。一昨夜はそのことで二人で可なり長く論じました。私は矢張り本当に冷静に自分ひとりのことだけをじっと守ってゐられないのを感じます。私は矢張り私の同感した周囲の中に動く自分を見出して行く性だと思ひます。その点から辻と私はずっと違ってゐます。この方向に二人が勝手に歩いて行ったら屹度《きっと》相容れなくなるだらうと思ひます。（後略）

野枝が耳にした谷中村の惨状というのは、その数日前、谷中村から一青年が上京して来て、木下尚江、福田英子、堺利彦、渡辺政太郎、逸見斧吉たち支援者の間を回って、家屋を壊されてもなお堀立小屋を建てて抵抗を続ける残留民の始末に困った県当局が、堤防を切って谷中を水浸しにする計画を立てており、その危機が迫っていると訴えたことだった。

大杉栄は「死灰の中から」の冒頭で、この野枝の長文の手紙を紹介し、「此のH（註、谷中の青年）は、矢張りY村（註、谷中村）の事に就いて運動してゐたW（註、渡辺政太郎）のところへも行ったに違ひない。そして彼女（註、野枝）はWから其の話を聞き伝へたのに違ひない」と推察しながら、野枝の真率な手紙から受けた感動をこう書いている。

僕は僕の幼稚なセンティメンタリズムを取返したい。憤るべきものには飽くまでも憤りたい。憐れむべきものには飽くまでも憐れみたい。そして、いつでも、虐たげられたるもの、中へ、虐たげるものに向って、躊躇なく且つ容赦なく進んで行きたい。N子がY村の話から得たと云ふ興奮を、其の幼稚なしかし恐らくは何物をも焼き尽し溶かし尽すセンティメンタリズムを、此の硬直した僕の心の中に流しこんで貰ひたい。

大杉にもこのような、野枝の幼稚にして熱烈なセンチメンタリズムに感動する純情さ、直截さがあったればこそ、野枝との恋に燃えあがることになるが、野枝が大杉に走るスプリング・ボードとなったのは、渡辺政太郎を媒介とする谷中村問題だったのである。

この一件については、辻潤も「ふもれすく」のなかで触れている。

大杉君も「死灰の中より《ママ》」にたしか書いてゐるはずだが、野枝さんが大杉君のところへ走った理由の一つとして、僕が社会運動に対する熱情のないことにあきたらず、エゴイストで冷淡だなどとなにかに書いたこともあったやうだ。渡良瀬川の鉱毒地に対する村民の執着――みすみす餓死を待ってその地に踏みとどまらうとする決心――それをある時渡辺君がきて悲愴な調子で話したことがあったが、それを聴いてゐた野枝さんが恐ろしくそれに感激したことがあった。僕はその時の野枝さんの態度が少しをかしかったので、後で彼女を嗤ったのだが、それがいたく野枝さんの御機嫌を損じて、つまり彼女の自尊心を多大に傷つけたことになった．僕は渡辺君を尊敬してゐたから渡辺君がそれを話す時にはひそかな敬意を払って聴いてゐたが、また実際、渡辺君の話には実感と誠実が充分に籠ってゐたからとても嗤ふどころの話ではないが、それに対して何の知識もなく、自分の子供の世話さへ満足に出来ない女が、同じやうな態度で興奮したことが僕ををかしがらせたのであった。しかし渡辺君のこの時のシンシャアな話し振りが彼女を心の底から動かしたのかも知れない。さうだとすれば、僕は人間の心の底に宿ってゐるヒュウマニティの精神を嗤ったことになるので、如何にも自分のエゴイストであり、浅薄でもあることを恥ぢ入る次第である。

辻潤の醒めた理性、冷徹さがよくわかる一文だが、所詮、辻潤と野枝は、いわば波長の合わない夫婦だったと言えよう。

谷中村問題をめぐって、そんな夫婦の反目があった翌二月、辻潤と野枝の夫婦は、小石川区竹早町から、渡辺家に近い指ヶ谷町九二番地に引越してきた。

竹早町の家では、辻の母みつや妹のつね夫婦と同居していたが、野枝は『青鞜』の編集に打ち込むようになって、姑、小姑との同居生活がますます精神的な負担になっていた。

辻のほうは、前年の暮れ、長いこと陽の目を見なかったロンブロゾォの『天才論』の翻訳が、神田佐久間町の植竹書店からやっと刊行されて評判になり、版を重ねて珍らしく収入があったので、夫婦の危機を避けるためにも、母たちとの別居に踏み切ったものと思われる。指ヶ谷町に転居したのは、おそらく政太郎の世話だったろうし、子守りから掃除洗濯まで気軽に手伝ってくれる渡辺夫妻のそばが、何かと好都合だと考えたのだろう。

三月には、大杉、荒畑らの「月刊平民新聞」が遂に廃刊に追い込まれたが、その終刊号（第六号）は、野枝の紹介による神田の印刷所で、官憲の眼をくらまして刷っている。

「月刊平民新聞」を廃刊すると、前年の春から胸を悪くしていた大杉は、保養かたがた、溜まっていた原稿を書くために葉山の日蔭茶屋に出かけたが、この頃にはすでに、「葉山へ立つ前に是非一度彼女（註、野枝）と会ひたいと思った。それも是非彼女一人だけと会ひたいと思った」（「死灰の中から」）というところまで恋情がたかまっていた。

ふたりを引き合わせた政太郎にとっては、思いもかけない事のなりゆきだったが、政太郎は相変らず、毎日のように辻家に出入りしたり、サンジカリズム研究会を発展させた大杉たちの平民講演会に熱心に顔を出したりしていた。

そして、『微光』が廃刊に追い込まれた六月からは、毎月第二土曜日に、白山前町の自宅、といっても古本屋南天堂の「三角二階」だが、「家庭会」と名付けた学習会を始めた。

初回の参加者は、原子基、吉川守圀、久板卯之助、小原慎三、井上猛一（のちに新内で名をなした岡本文弥）などで、この日は、同志社大学出身の売文社社員小原慎三がヨーロッパの大戦について講話した。

「月刊平民新聞」を廃刊して身軽になった大杉も、六月から小石川水道町の大下水彩画研究所で「仏蘭西《フランス》文学研究会」を開いたが、生徒には神近市子、青山菊栄（のちの山川均夫人）、山田吉彦（のちの作家、きだみのる）などがいた。

同じ会場で、京都出身の欧文印刷工でアナキストの山鹿泰治の発起によるエスペラント研究会も始められ、いつしか小石川が急進派の大杉一派の根拠地になっていた。渡辺政太郎も官憲から大杉一派としてマークされていた。

やがて政太郎の「家庭会」は、「研究会」に衣替えして、運動の拠点の一つとなってゆく。この頃、政太郎は、辞書と首っぴきで、クロポトキンの自叙伝『一革命家の思い出』の翻訳にとりかかったりして、若い同志たちを感奮させている。

研究会の雰囲気は、いかにも政太郎主宰らしい暖かさだった。会費二銭で、塩せんべいや煎り豆が出たし、帰りの電車賃がない者には、会費の中から電車賃を渡す政太郎だった。

この渡辺教室には、堺利彦、添田唖蝉坊、原子基、久板卯之助、大杉栄たち友人も時折顔を出したが、参加者は向学心に燃える若者が多かった。近藤憲二、北原龍雄、荒川義英、欧文植字工組合信友会の高田公三、水沼辰夫、竹村菊之助、延島英一、時計工組合の中村還一などで、さらに、政太郎晩年の親密な同志となる村木源次郎、和田久太郎も、渡辺教室の常連となった。

村木源次郎は、横浜の社会主義団体「曙会」に所属していて、明治四十一年春、横浜の演説会で政太郎と一緒に演壇に立ったこともあり、この頃東京へ移り住むと、渡辺教室に顔を出すようになった。

兵庫県明石生まれの和田久太郎は、この年の八月、関西から上京してきたばかりだったが、彼もまっ先に渡辺政太郎を訪ねてきた。

この和田久太郎が、『新社会』の政太郎追悼特集のなかで、渡辺教室の魅力と特質をこう書いている。


渡辺君の宅の集会へ、二、三回続けてくる労働者は、必ずそのうちに友人を誘ってくるやうに成る。その友人は、また他の友人を誘ってくる。が、その人達の中で、或は一度きりで来ないものや、とぎれとぎれに来て居ったのが終《つい》に来なくなる人などが、その数の多くを占めた事は仕方がない。

さうした波のさし引きに漂ひ乍《なが》ら、彼は絶えず温かい笑顔を対《む》けつつ、職業の世話や、身の廻りの洗濯物までしてやる。
さうして居る内に、只単に遊びに来てゐたものが、いつしか熱心な同志に化して行くのを見た時など、最も嬉しさうな顔をした。

渡辺家は食うや食わずの貧しさながら、書棚だけはかなり充実していたようで、政太郎の薫陶を受けた秀英社（大日本印刷の前身）の欧文植字工水沼辰夫は、その著『明治・大正期自立的労働運動の足跡』のなかで、「渡辺宅のささやかな書架は、他の場所では見られない社会主義関係の書で満たされていて、新しく集った青年労働者は、それら国禁の書をむさぼるが如くに読んだ」と書いているし、洋書も多少そろえていたようで、橋浦時雄は、政太郎没後の大正七年六月八日の日記に、「売文社にいって見ると、渡辺政太郎の遺留書籍はもう大部分買主が定って、目ぼしいものは主として売文社で買ったらしい。僕は云々」と、クロポトキンの『相互扶助論』の英訳本〝Mutual Aid〟など四冊の洋書を二円四十銭で買ったことを記している。

この渡辺教室で、政太郎が参加者に必ず一読をすすめたのが、アメリカの作家エドワード・ベラミーの『百年後の新社会』だった。

この本の原題は〝Looking Backward〟で、一八八八（明治二十一）年に刊行されている。これが明治三十六年十二月、平井広五郎の訳で『百年後之社会』という題で京橋の警醒社から定価六十銭で出版されたが、翌三十七年三月、堺利彦が抄訳して、『百年後の新社会』と題し、平民文庫五銭本の一冊として平民社から出して社会主義の宣伝活動に活用した。

政太郎が渡辺教室で誰にでもすすめたのは、おそらくこの五銭の平民文庫版のほうだったろう。この『百年後の新社会』は、キリスト教的社会主義の理念に貫かれたユートピア物語で、アメリカでは当時五十万部も売れたベストセラーだった。日本では、定価五銭の堺訳の平民文庫版でも三千部の売れゆきだったが、大逆事件後の明治四十四年四月には発売禁止になっていた。

この『百年後の新社会』の梗概は――

時は一八八七年。アメリカでは貧富の差が激しくなり、労資の対立が高まって、あちこちの工場でストライキが起こっていた。

ボストンに住む資産家の独身青年、三十歳のジュリアン・ウェストは、五月三十日、南北戦争で倒れた北軍兵士を記念する慰霊祭の夜、婚約者の家庭で会食して帰宅、地下に造った寝室に入るが、なかなか寝つけないまま、動物電気博士と自称するかかりつけの医師に催眠術をかけてもらって、やっと眠りにつく。

ところが、翌朝めざめて、ジュリアンはびっくり仰天する。まったく見覚えのない部屋に寝ていて、枕元には見知らぬ老紳士がいる。その老紳士は、驚くジュリアンに彼が眠りについた日時を聞き、いまは西暦二〇〇〇年の九月十日であり、あなたはなんと一一三年三ヵ月十一日も眠っていたのだと告げる。

リート博士と名乗る老紳士の話では、庭に化学の実験室を造ろうとして基礎工事を始めたところ、地下から十九世紀の建物が出てきた。上に灰が降り積もっていたので、たぶん火事で家が焼け、地下室だけが残ったのだろうと、内部を調べてみたところ、あなたが眠っていた——と、いうことだった。

こうしてジュリアンは百年後の社会を見聞することになったが、労資の対決が激しかった十九世紀末とはもう社会は一変していた。激しく競争していた私企業はすべてなくなり、すべての事業は国民の手で運営されていた。必要な生活物資は、市町村の物品陳列場で見本を見て、それぞれの割前切符を切って注文すれば、中央倉庫から各家庭に届けられる。すべて切符でまかなわれるので、もう貨幣などは不必要で姿を消している。国民が労働に服務する期間は、二十一歳から四十五歳までの二十五年間で、社会保障が完備されているから、服務期間終了後は悠々自適の生活が楽しめる。

食事は、朝と昼は公立の料理所から届けられ、夜は家族そろって公立食堂に食べに行く。

出版はもちろん検閲なしで、原稿を国の出版局に持ち込めば、誰でも出版できる。その費用は割前切符で支払うが、大衆に受け入れられて売れれば、印税となって返ってくる。

国際間の問題は、万国連合会議があって、国家間の紛争や貿易問題を平和的に処理するので、貿易の不均衡もなければ戦争もない。

このようなユートピア物語が展開されたあと、最後は、一夜の夢だった、ということで終る。


この小説に描かれたような未来社会が、政太郎にとっては理想社会だったのだろう。渡辺教室に集まってくる若者たちに、彼は『百年後の新社会』の購読を熱心にすすめている。

この渡辺教室が若者たちで賑わうようになった頃、大正四年七月二十日、辻潤と野枝夫婦は同棲五年目にしてようやく婚姻届を小石川区役所に提出したが、このとき野枝は第二子の出産間近かだった。

辻家にしばらく寄寓していた野枝の従姉と辻が肉体関係を持つといった事件もあって、夫婦仲がほとんどこわれかけていたこの時期に、どうして婚姻届を出すことになったのか。

なんとかして野枝をつなぎとめておきたい辻潤のあせりとも見えるし、法的に夫婦になることによって、なんとか家庭を建て直そうとする意志だったとも思える。

婚姻届を出したあと、野枝は夫とともに福岡市郊外の糸島郡今宿村の実家へ帰り、八月十日、次男の流二を出産した。

野枝が郷里で産後の身体をゆっくり休め、東京へ帰って来たのは十一月も末だったが、その間、大杉の身辺では新しい女性問題が起こっていた。

この年、大杉と荒畑は、吉川守圀、宮嶋資夫の協力を得て、十月に第二次『近代思想』を復刊したが、その編集事務を、サンジカリズム研究会や仏蘭西文学研究会に顔を出していた東京日日新聞（毎日新聞の前身）の婦人記者神近市子に手伝ってもらっているうちに、男と女の関係が生じてしまったのだ。そして逗子に移り住んだ大杉は、東京へ出て来るたびに、麻布霞町の神近市子の下宿に寝泊まりするようになっていた。

相変らずの弾圧もあったが、こうした大杉の女性関係のルーズさに、第一次『近代思想』以来、二人三脚を組んできた荒畑寒村が愛想をつかして大杉から離れたこともあって、第二次『近代思想』は、翌五年一月にはつぶれてしまった。

野枝編集の『青鞜』も、同年二月、廃刊に追い込まれてしまった。野枝はその終刊号の書評欄に、大杉の新著『社会主義的個人主義』をとりあげ、二ページにわたって絶讃した。それはまた、恋の告白にも似ていた。
この月、大杉と野枝は初めてふたりきりの時間を持ち、日比谷公園の木蔭で抱き合って接吻した。野枝はためらいながら大杉の唇を受けたが、もはや妻の座にとどまることは出来なくなった。
三月、野枝は辻潤と別れた。その別れの場面を、辻潤は「ふもれすく」でこう書いている。

同棲数年の間、僕はただ一度外泊した事があるばかりであった。まるでいま思ふと嘘のやうな話である。別れるまで殆どケンカ口論のやうなことをやったこともなかった。がしかし、ただ一度、酒の瓶を彼女の顔に投げつけたことがあった。更に僕は、別れの一週間程前に僕を明白に欺いた事実を知って、彼女を足蹴りにして擲《なぐ》った。前後、ただ二回である。別れる当日はお互ひに静かにして幸福を祈りながら別れた。野枝さんはさすが女で、眼に一杯涙をうかべてゐた。時にまこと君三歳。

この「まこと君三歳」には、辻潤の深い悲しみがこめられている。長男まこと君は父親に、まだ乳飲み子の次男流二は母親にと、分けて育てられることになった。まこと君をわが子のようにかわいがっていた政太郎には、母親に去られたまこと君のことが哀れでならなかったろう。

第八章

一　小さな旗上げ

俺も何時死ぬかも知れぬ運命の手に乗せられてゐる。時々刻々キザマレて行くこの身体だ。何んで過去《これまで》のやうな心地のわるい時が送られようか？（北風）

終刊号となった『微光』第九号の「編輯便り」に北風の号でこう書いた渡辺政太郎は、結核と栄養不良で衰えた体に鞭打ちながら、こまめな活動を続けていた。

官憲記録は、『微光』廃刊前後の渡辺政太郎の動静を次のように伝えている。

●渡辺政太郎は大正四年六月十二日より同年十一月二十日まで数回にわたり、「家庭会」（八月二十日より「平民自由団」と改称す）を開催し、十名内外の同志等会同して、主義の研究をなし、（後略）

●平岡栄太郎（佐渡、雑貨商）は主義の信念すこぶる深く、かつて佐渡鉱山工夫の同盟罷工を煽動実現せしめたることあり。常に在京重《おも》なる同志と交際し、又是等の発行する出版物はたえず之を購読して主義の研究に努む。

大正四年六月二十二日出京、同七月二日帰路に就く日に至るまでの間に於て、自己の経営せる「佐渡日報」に対し便宜を得んためなりと称して、渡辺政太郎と同道して、堺利彦、大杉栄、荒畑勝三、宮嶋信泰（資夫）、吉川守圀、添田平吉（唖蟬坊）その他の同志を往話し、なお渡辺と共に埼玉に赴き、臼倉甲子造とも面会せり。

政太郎の人柄がそのままにじみ出たような『微光』の親しみやすさが、地方の同志に親近感を持たせたのだろう、佐渡の平岡栄太郎のように、上京してくると政太郎を頼ってくる地方の同志が少なくなく、また政太郎は労をいとわず、こまめに彼らの世話をしてやっている。

大逆事件の一斉検挙から五年経ち、ようやく新しい潮が流れ始めた。

大正四年九月一日、堺利彦主宰の『へちまの花』が『新社会』と改題されて、その第一号が発行されたが、その巻頭に、「小き旗上」と題する堺の一文が掲げられた。

■鬨《とき》を作って勇ましく奮ひたつと云ふ程の旗上では勿論ないが、兎《と》にかく是でも禿《ち》びた万年筆の先に掲げた、小さな紙旗の旗上げには相違ありません。

先《まず》は落人の一群が山奥の洞穴に立籠って、容易に敵の近づけぬ断崖《きりぎし》を恃《たの》みにして、蕨葛《わらびくず》の根に餓を凌ぎ、持久の策を講ずると云ふ、みじめではあるが、且は聊《いささ》か遠大の志しを存する義軍の態度であります。

（中略）

■さりながら、此の退いて守る山寨をも、猶必ず勦絶せねばならぬと云ふので、敵の大軍が強ひても押寄せて来るならば、それは是非に及ばぬ、いさぎよく一戦を試みて、運を天に任せるの外はない。

この『新社会』の発刊は、まさに山奥の砦にたてこもった残党のやっと挙げ得た鬨の声だったが、その第三号（十一月号）に、渡辺政太郎は次のような一文を寄せている。

小生久しき以前より、赤羽巌穴君が其為に命を取られた『農民の福音』を主義鼓吹の為ポツポツ撒いた処、それが発覚して、二十日午後三時、突然、家宅捜索の報酬を蒙《こうむ》った。当時あった『農民の福音』二百十七冊と他の書籍三十三冊を押収され、あまつさへ富坂署に同行を求められ、二十二日は再び警視庁に呼出され、取調べを受けしも放還され、昨夜は家で夫婦枕をそろへて温いベッドに寝ました。（九月二十三日）

赤羽巌穴の遺著『農民の福音』が、麻布霞町の政太郎の借家を発行所にして秘密出版されたのは明治四十三年五月のことだったが、それから五年余、政太郎は親友の遺著をなおこつこつと売り続けていたのだ。

この『農民の福音』押収については、政太郎は『近代思想』にも投稿している。

十月号に「禁止物の配布」と題して、家宅捜索で押収された事実と、押収をめぐって警視庁の丸山鶴吉特別高等課長（のち、警視総監、貴族院議員）と二時間にわたって議論したことを報告しているが、さらに十一月号にも、「泥棒乎《か》役人乎《か》」（同号発禁のため十二月号に再録）を投稿している。

その稿で政太郎は、発禁の『農民の福音』を押収されたことはやむを得ぬとしても、ついでに自己所有の三十三冊を押収されたことは納得出来ないと、警察に嚙みついている。


僕は平生私有財産なる物に対して極めて淡白なる者である。併しながら、権力を以て威圧的に来り、官名の名の下に所有品を持ち去るに至っては、その物品の多少に拘らず、その儘捨てて仕舞ふ事は出来ない。

殊に僕が所有して居る書籍は、親譲りの財産や他人の労力を掠奪して得た財に依りて買ったものは一冊もない。お上《かみ》よ！　汝こそ能《よ》くその出所を知る。汝が六、七年の永き尾行の間、僕が風雨霰雪と戦ひ、飴売りとなり、屑買ひとなり、人の用達となり、妻は薄暗き九尺二間の棟割長屋で人の賃仕事をなし、粒々辛苦の余、辛うじて得た金銭を以て手に入れたものである。夫《そ》れを命令の一言の下にみだりに権力を以て持ち去るとは、随分思ひ切った仕方もあればあるものだと思ふ。（後略）

この投稿の最後で、政太郎は、富坂署の特高が押収した三十三冊を、署員が古新聞に包んで返しに来たことを付記しているが、敏腕で鳴らした丸山鶴吉特高課長も、政太郎のお上を恐れぬ正論、正直一途の人間の気迫に押されて、返却せざるを得なかったのだろう。

この頃、南天堂の「三角二階」の隣室に、同志から「キリスト」と呼ばれていた久板卯之助が引っ越して来た。

久板卯之助は、明治十年、京都木屋町の宿屋の息子に生まれ、牧師を志して同志社大学神学部に入ったが、中退して、大正の初め東京へ出て来て、社会主義運動に入っていた。風貌がキリストの画像に似ていたし、政太郎同様、物欲にとらわれない恬淡とした性格で、浮世離れした聖者の雰囲気を持っていたので、「キリスト」と呼ばれていた。

近藤憲二は、南天堂の二階で初めて久板の部屋をのぞいたとき、二、三枚の座布団とどてらがあるだけで、机も布団もなく、政太郎から「久板君は真冬でも、下に座布団を並べて、上にどてらやオーバーをかぶって寝るんだ」と聞かされてびっくりしたことを、その『回想』に記しているが、久板卯之助の「簡易生活」は、本来無一物の禅僧以上に徹底したものだった。

この久板キリストの部屋に、さらに「風来坊の久さん」こと和田久太郎が転げ込んで来たから、南天堂の二階は、まことに風変わりな人たちの生活空間となった。

和田久太郎は、大正四年八月、関西から上京してきて、しばらく渡辺家の厄介になっていたが、十一月上旬、大争議があった足尾銅山に、争議でひと働きしようと足尾にもぐり込んだものの、タコ部屋でさんざんな目に遭い、五年の正月そうそう逃げ帰って来て、人のいい久板キリストの部屋に住みついてしまったのである。

久太郎は明治二十六年の生まれなので、ひとりだけ年少だが、社会主義者のなかでもとりわけ無欲の個性が際立つ三人が、同じ屋根の下で暮らし始めたから、政太郎の「三角二階」はますます人気を呼んで、千客万来の賑わいとなった。

この「三角二階」で、政太郎が若い労働者の教育に熱中していた五年十一月、大杉栄は葉山で日蔭茶屋事件をひき起こした。

大杉をめぐる神近市子と伊藤野枝の三角関係から、神近が大杉を刺したこの有名な事件は、いまさら詳述するまでもないが、政太郎はこの事件にどんな対応をしたのだろうか。

政太郎はこの事件に関して何も書いていないので、彼の行動から推察するほかはないが、同年四月、野枝が次男の流二を抱いて辻家を出て大杉と同棲する事態になってから、政太郎は大杉と野枝からは遠ざかっている。

山川菊枝がその自伝風の『おんな二代記』の中で書いているが、政太郎は一貫して、次のような夫婦生活を続けた男である。

なかでも村木（註、源次郎）氏がその手引きで社会主義者になったという先輩、渡辺政太郎氏夫妻の窮状などは、どん底の苦労になれていつも明るい様子を失わなかったさすがの村木氏でさえ、声をくもらせずには話せないほどのものでした。

（中略）

渡辺氏は万年失業者で、横浜にいたころ、病弱な体で車夫をやっていました。凍るような北風にさらされて、一日中働いても、親方に車の損料を払うと、手に残る金はないも同様、夜ふけに力のない咳をしながらトボトボ帰って来る夫を待ちうけた妻が、内職の針仕事を休めて、火鉢の螢火で食事を温め、「お帰りがおそいので、私は先にすませました」というと、「おそくまで待たせてすまなかったな。私は外ですませたから、あんたおあがり」と答える。

ふすま一重をへだててそれをきく村木氏はいつも涙を抑えたといいます。


これは、政太郎が大正三年秋、中国革命義勇軍に福田狂二に誘われて馳せ参じたものの、為すところなく帰国したあとしばらく横浜で暮らしていた頃のことであろう。その頃、横浜生まれの村木源次郎がやはり胸を病んで、しばらく政太郎の家で身体を休めていた。

山川菊栄の表現はいささか湿めっぽいが、そうした夫婦でしかあり得なかった政太郎が、人間の生命、自由を根底に据えた大杉の政治思想に共鳴しながらも、男の身勝手さをむきだしにした大杉の「自由恋愛」を容認できなかったのは当然のことだろう。

辻潤は、野枝に去られたあと、長男のまことを自分の母親に託して、しばらく上野の寛永寺の一室に沈潜していたが、やがて下谷区北稲荷町に移り住んで、「英語、尺八、ヴァイオリン教授」の看板を掲げた。そして、日蔭茶屋事件が起きた頃は、友人の武林無想庵の紹介で比叡山の宿坊に籠り、マックス・スチルネルの『唯一者とその所有』の翻訳に没頭していた。

そんな辻潤の心の痛みと、幼なくして母親に去られたまことの寂しさを思うと、政太郎はやりきれない気持だったに違いない。

なお、堺利彦が主宰する『新社会』では、大正六年一月号で日蔭茶屋事件の特集を組み、堺利彦、高畠素之、山川均、それに、小説『坑夫』を大杉の近代思想社から刊行して注目されていた宮嶋資夫の四人が、それぞれ見解を発表した。

堺は、「大杉君の仕打ちには随分善くない点が多いと思ふ。つまり、大杉君は人に迷惑をかけすぎたと思ふ」と批判し、高畠は「要するに一個の痴情沙汰である。色情のために理性を暗まされた人間の行動である」と斬って捨てた。また山川は、「恋愛問題は結局、性欲問題であり、大杉君の事件は、彼らが社会主義者だから、新しい女だから起ったのではなく、人間だから起ったのである」と冷徹な見解を述べている。

そのころ大杉栄と親密だった宮嶋は、この事件では神近市子の肩を持ち、「予の観たる大杉事件の真相」と題して、八ページにわたる長文で事の詳しい経過を述べ、非は大杉と野枝にあると、ふたりを激しく糾弾した。

この事件で大杉は四面楚歌となった。それでもなお苦境の大杉と野枝から離れなかったのは、大杉に心酔していた村木源次郎ぐらいのものだった。

大杉と野枝の家庭から遠ざかった政太郎は、大杉のスキャンダルをよそに、村木源次郎、和田久太郎、近藤憲二、水沼辰夫、中村還一、原田新太郎など若い同志との交流を深めながら、自宅での研究会を継続し、労働運動に力を注いでいくが、『新社会』の六年二月号には、「同盟罷工見聞録」というルポルタージュを載せている。

兎鶏一声、東雲の空を破り、旭日昇天将《まさ》に是新春を迎へ、満都の人、屠蘇の酔ひ未だ醒めやらぬ折り、東都の一隅、芝三田四国町薩摩原頭、池貝鉄工所、百三十有余の職工は、突如として十四日の朝、同盟罷業を起せり。

三田署は形勢の頗《すこぶ》る不穏なるを知りて、表野警部補数名の部下を引率して出張し、群集せる職工を制し、委員を挙げ交渉せよと説諭したれば、職工側は同町寄席《よせ》七大黒に引揚げ協議の結果、委員三十六名を選び、三ヵ条を提案し、会社に向って午後二時までに回答をせよと迫りしと聞き伝へ、余は久板君とその真相を知らんと三田に行き、見聞せし模様を記さん。（続いて、ストライキが起きた事情、職工側の要求、会社側の態度などを報告し、結局、職工側が要求を完徹して勝利を収めた経過を述べて、次のように結んでいる）

大正六年一月の首途に於て此の捷利を聞きたる余等両名は、万感交々《こもごも》湧来たり、うたた人心の向ふ処、社会の前途を懐ひ、帰途についた。

二　ロシア革命

大正六（一九一七）年三月十二日（ロシア暦で二月二十七日）、第一次世界大戦下のロシアで、いわゆる二月革命が起こり、三月十七日頃から東京の新聞も、皇帝退位、新政府樹立と革命の経過が報じられるようになったが、その頃、渡辺政太郎は、和田久太郎とともに、四月の第十三回衆議院選挙に東京市から立候補することになった堺利彦の選挙労務員（運動員）として働いていた。

前年の十月、大隈内閣が倒れて、長州閥、陸軍閥の寺内正毅内閣に代っていたが、反動的な寺内内閣に対する批判の声が高まって、一月二十五日には衆議院を解散、それに伴なう総選挙だった。その解散の日、堺利彦の立候補が決まり、『新社会』二月号に次のような広告が掲載された。

堺利彦君
右、今回の総選挙につき東京市選出衆議院議員立候補者に推薦す。特に本誌の読者諸君が直接間接の援助を与へられんことを切望す。
一月二十五日
日本社会主義有志、選挙委員、山崎今朝弥《けさや》、吉川守邦（守圀）、高畠素之

この堺利彦の立候補は、社会主義陣営が総力を挙げてといったものではなかった。『山川均自伝』に、「大杉君は『多数決』が大嫌いであった。これは大杉君の理論から来たように、おそらく大杉君の性格からも来ておった」というように、大杉は国会議員選挙には初めからそっぽを向いていたし、山川均も病気を理由に参加しなかった。

第一、当時はまだ有権者は直接税十円以上の納付者に限られた制限選挙の時代で、有権者は資産階級ばかりで、社会主義者が当選する確率はゼロに近かった。しかし、堺は、労働者などの無産階級も投票できる普通選挙の実現をめざして、あえて立候補したのだった。

二月三日、本郷の大和座で堺派の第一回演説会が開かれ、渡辺政太郎も演壇に立ったが、会場は警官に包囲され、途中で解散させられてしまった。

東京朝日新聞（二月四日付）はその日の騒ぎを次のように伝えている。

堺氏の演説会　果して解散
警官に包囲された大和座

東京に於て劈頭第一に候補者の名乗りを挙げた社会党員、堺利彦氏の第一回政見発表演説会は、三日午後五時十分、本郷の大和座で開かれた。

定刻前既に満員となり、本富士署より数十名の警官出張、場の内外を物々しく警戒して、入場者の袂を一々改めるといふ有様。

高畠素之氏先づ開会の辞を述べ、堺氏を聴集に紹介し、同氏の簡単な挨拶、次いで、北原龍雄、渡辺政太郎、山崎今朝弥、馬場孤蝶、生田長江、安成貞雄氏、交々起って演説を試みたが、各弁士殆ど演説中止を命ぜられ、最後に斎藤兼次郎氏が壇上に現れて一、二言を費すや、前田本富士署長は突然起立して「弁論中止」「演説会解散」を宣告した。

熱狂せる聴衆は忽ち総立となって演壇の周囲に集まり、非立憲《ビリケン》、横暴、専断の罵声を放ち「断じて解散に応ぜず」「堺氏の演説を聴かざれば退場せず」と叫び、喧々囂々たる光景を呈したが、折柄階上から雑誌『新社会』の広告ビラを撒布したので、神経過敏となった警官は撒布者二名を直ちに引致した。騒ぎはこれが為益々拡大せんかと見えたが、幸ひに事無きを得て七時五分散会した。（後略）

警察は、立候補予定者堺利彦（まだ選挙公示前）にひとこともしゃべらせなかったのだ。

なお、この時のビラ撒布による逮捕者二名は、演歌師添田唖蟬坊の後輩で、演劇、政治活動を共にした小生夢坊《こいけゆめぼう》（本名、小生第四郎）の話によれば、ひとりは小生《こいけ》、もうひとりは、東京市議会議員渡《わたり》亀造の息子、渡平民《わたりへいみん》だったという。小生夢坊は生涯、大衆芸能の道を歩み、渡平民はのちに劇団研究座を結成して、新劇の種をまいている。

小生夢坊は、添田唖蟬坊、佐藤玄海たちと、前年の大正五年に浅草で自由倶楽部を結成、演劇活動とともに、普通選挙の実施や警視庁による私娼撲滅運動反対を叫んで、さかんに政談演説会を開いていたが、当時の写真が一枚、『唖蟬坊流生記』（昭和三十一年刊）に収められている。

大正五年十一月十三日、下谷《したや》の竜泉寺貸席で開かれた自由倶楽部の発会式を兼ねた政談演説会の際の記念写真で、「平民中心、社会革新政談大演説会」の看板を背に、堺利彦、添田唖蟬坊、渡辺政太郎、久板卯之助、吉川守圀、小生夢坊などの顔が並んでいる。

政太郎は着古した着物姿で、両手を帯の間に差し込み、髭ぼうぼうの顔で正面をにらんでいる。何か運動のあるところ、なりふり構わずすぐ駈けつけたといった姿である。

当時の状況を、小生夢坊は生前、筆者にこう語った。（註、夢坊は、政太郎より二十一歳年下で、長命だった）

「当時、浅草の千束二丁目には、いわゆる銘酒屋が集まって吉原遊廓をしのぐ私娼窟になっていましたが、警視庁の丸山鶴吉が保安部長になって、銘酒屋、つまり私娼窟をつぶそうとしたわけです。

そこで、唖蟬坊と私が中心になって、私娼にも生活権がある、それを権力で押しつぶそうとするのはけしからんと、自由倶楽部をつくって反対運動を始めたわけです。ですから自由倶楽部は、私娼問題から生まれたと言ってもいいですね。

これは、淫売屋の主人たちも支援してくれましてね、千束二丁目に家を二軒提供してくれたので、唖蟬坊、私、それに、佐藤玄海、北原龍雄、百瀬晋らが寝泊りして、反対運動をやったわけです。

その私娼問題に、普選運動、労働運動をからめて、唖蟬坊が親しくしていた堺利彦、渡辺政太郎、吉川守圀たちを招いて、演説会を何度か開いたわけですが、渡辺さんという人は何事にも真剣になる人で、それに気持がとてもやさしくて、私娼たちにも親切な人でしたね」

堺利彦の選挙運動第一声は、警察の弾圧による前述のような騒ぎで消されたが、それでもひるまず演説会を続けた。本郷の大和座に続いて、牛込の八千代倶楽部、浅草の東橋亭、団子坂下の演芸館、烏森の新橋倶楽部と、計五回演説会を開いたが、すべて途中で解散させられてしまった。

投票日は四月二十日だったが、運動員である渡辺政太郎も和田久太郎も税金を納めるような収入はなく、従って選挙権もない。身体を張った選挙運動をやりながら、かんじんの一票を持っていなかった。

陽気はよし、たまには活動写真でも観るかと、政太郎と久太郎は同宿の久板卯之助も誘って、三人連れで浅草の電気館に洋画「シヴィリゼーション」を観に行った。

好戦的なドイツ皇帝を諷刺し、非戦思想を訴えるものとして評判になっていた映画だが、キリスト教の伝道臭の強い映画で、困難な状況の中で悪戦苦闘をしている三人にとってはまったく物足りなかったようで、『新社会』誌上に、三人とも批判的な感想文を寄せている。政太郎はこう書いた。

真に平和を来たし、偽らざる文明を地上に建設せんと思ふならば、神の名に依って為される平和を捨て、何々と呼ぶ特殊の人々の命令によって多数の人間が自由にされると云ふ人間関係を解いて、各自が新しく理解し合ふて、相互扶助的に生活出来るやうな人間関係を作らねば駄目だとつくづく思はれました。

素朴な感想だが、晩年の政太郎のキリスト教に対する姿勢がうかがえる一文である。サンジカリズム、アナキズムに傾倒しながら、政太郎はなお聖書を捨てきれず、キリストの愛を志向し続けていたが、神の名によって階級対立をなしくずしにし、支配階級の搾取を免罪してしまうようなまやかしの平和主義は容認出来ない立場に立っていたと思える。

ところで、総選挙の結果だが、堺利彦の得票はわずか二十五票で、むろん落選だった。東京市の定員十一名に対して立候補者は二十九名、堺は二十三位だった。

しかし、この堺利彦の立候補は、社会主義者による普通選挙運動再開の烽火として重要な意味を持っていた。

『新社会』五月号に、堺はこう書いている。

二十五票とはあんまり少ないやうですが、しかし今日における諸種の形勢上、これが当然なのでありませう。ただ今後総選挙ごとにわが党は必ず誰かを候補に推薦して、この運動を継続することが肝要だと考へます。

なお、このときの選挙の東京市のトップ当選は、敗戦後の吉田内閣のあとに首相となった政友会の鳩山一郎で二、六七七票、やはり戦後の政界に生き残って大きな影響力を持つことになる三木武吉が第九位、古島一雄が第十一位ですべり込んでいる。

落選組では、自由民権運動の血をひく講釈師の伊藤痴遊（仁太郎）が一、二九五票で十四位。これは惜敗と言ってもいいが、奇骨のジャーナリスト、宮武外骨はわずか三票で二十七位、堺とともに無産階級から立った印刷労働者の厚田正二は二票で二十八位。まだその下に一票だけのビリもいた。

堺利彦にしろ厚田正二にしろ、当選は度外視して、狙いは普通選挙法の実施にあったが、その成立は八年後の大正十四年まで待たねばならなかった。

愉快なのは宮武外骨である。彼は大正四年三月の前回総選挙にも立候補して落選していたが、みずから「選挙違反告発候補者」と名乗り、投票前に落選を予定して、主宰していた月刊誌『スコブル』に落選報告演説会の広告を載せるという手まわしのよさだった。

なお、全国の選挙結果は、政友会一六五、憲政会一二一、国民党三五、無所属六〇で、政府の猛烈な選挙干渉を受けた野党の憲政会の凋落が目立ち、寺内《ビリケン》内閣は政友会と国民党を抱き込んでますます安泰だった。

二月革命が起こったロシアでは、皇帝ニコライ二世が退位に追い込まれ、権勢を誇ったロマノフ王朝は滅亡、ルヴォフ公を首班とする臨時政府が成立したものの、政治情勢は激しく揺れ動いていた。

『新社会』誌上で初めてロシアの二月革命に触れたのは、四月号の山川均の時評「火の見台」だが、「露都の罷業と暴動とが、どの点までが純粋なるパン欠乏によるものであって、どの点までが更に重大な革命的意義を有するものであるか、云々」と、革命の実態をまだつかみかねている。

社会主義者といえども、情報の窓口は、ほとんど毎日の新聞に出る簡単な外国電報による記事に限られていたので、正確な情報をつかみ得なかったのである。

しかし、『新社会』五月号（すぐ発禁）では、高畠素之が、革命の主導権を握りつつあった労働者兵士連合委員会（ソヴェト）に初めて触れ、ソヴェトは人民を代表する政府監督機関であり、「彼等（議会や臨時政府）の上に立って、一々其施設を指導し、掣肘し、以て革命後、露国政局の進展に健全なる羅針盤を提供すべき使命を帯びてゐる」とロシア革命の本質に言及している。

これで日本の社会主義者にもロシア二月革命の実態がいくらか明らかになってきたが、なお正確な把握には欠けていた。荒畑寒村は『自伝』にこう書いている。

　こうして社会主義者が多年の沈黙を破ってふたたび活動を開始した時、青天の霹靂の如く私たちを驚かしたのはロシア三月革命の勃発である。革命！　革命！　こんな魅力的な語があるだろうか。

（中略）

ただ私たちは、ロシア革命の性質についても、労兵会とよばれたソヴィエトの組織についても、新政府を構成した政党に関しても、ほとんど知るところがなかった。社会革命党と社会民主党の区別は知っていたが、メンシェヴィキとかボリシェヴィキとかは恐らく誰もはじめて聞いた名称であったろう。ケレンスキー、レーニン、トロツキーなんていう名を知っている者はほとんどいなかった。

レーニンの論文「ロシアの革命」が日本で初めて紹介されたのは、十月革命の直前に発行された『新社会』十月号の誌上だが、それも、その年の三月二十七日にロシアへ帰る直前のレーニンが、スイスのチューリッヒで労働者相手にドイツ語で行なった講演の、極めて粗雑な紹介にすぎなかった。

そんな次第で、ロシア革命の初期、日本ではレーニンの名前さえほとんど知られていなかったが、五月七日夜、「米国伯爵」という人を食った肩書を名刺に刷り込んでいた奇人弁護士山崎今朝弥《けさや》の芝新桜田町の自宅で、メーデーを記念する小集会が持たれた。在京の主だった社会主義者三十余名が顔をそろえ、渡辺政太郎も出席した。

まず山川均が立ってメーデーの由来を述べたあと、山川、高畠素之、吉川守圀の三人が、ロシア二月革命の成功を祝い社会主義者の責務の重大さを訴える決議を、革命を担うロシア社会民主党に送ろうと提案して、多数の賛成を得た。提案者を代表して、山川均が次のような決議文を読みあげた。

吾人は一九一七年の五月祭を期し、露国社会党の今回の革命に対し、深甚なる同情を表す。露革命は、中世の専制政治と現時の資本家制度に対する革命を一斉に行なはんとするものと認む。露国社会党、欧州交戦国社会党が直ちに戦争を終局、及び更に歩を進めて社会主義的革命を徹底せんことを望み、敵国における自己階級に向けつゝある闘争が、共同の敵たる自国の資本家階級に対して向けられんことを望む。吾人は露国社会党、各国有志の勇敢なる健闘を望む。

一九一七年五月一日

日本社会主義団臨時実行委員

この決議文は、実行委員会代表、堺利彦の名で、ロシア、イギリス、アメリカ、フランス、ドイツ、イタリア、オランダなどの主な社会主義団体、個人あてに送られた。

このロシア革命で、日本の社会主義運動も勢いづき、運動の中央機関誌的な存在になっていた『新社会』を強化するため、それまで堺利彦の個人経営だったのを、七月から堺利彦、高畠素之、山川均、荒畑寒村、吉川守圀、山崎今朝弥、渡辺政太郎の七人の共同経営に切り変えられた。編集は、堺、高畠、山川、荒畑の四人が輪番でやることになり、政太郎は相変らず椽の下の力持ちだった。

三　労働運動の救世軍

十一月七日（ロシア暦十月二十五日）には、ペトログラードでレーニン指導のボリシェヴィキがケレンスキー政府を倒して、ソヴェト政権を樹立、いわゆる十月革命となるが、それに先立つ九月半ば、政太郎は一年半ほど住みなれた白山上の南天堂の「三角二階」を引き払って、小石川指ヶ谷町九三番地の小さな借家に移った。

辻潤、野枝夫妻が、離婚前に最後に住んでいた借家は九二番地なので、かつてよく出入りした家のすぐ近くだった。

思い出多い辻家だったが、わずかな時の流れのなかで、辻家は崩壊し、潤は放浪者となり、野枝は本郷で大杉と「愛の巣」をつくって、長女魔子を出産（九月二十六日出産）しようとしていた。政太郎がかわいがったまこと君は母のない子になってしまい、指ヶ谷ではもうそのかわいい姿を見ることができなかった。

政太郎夫妻にとっては、三年半ぶりに戻る古巣だったが、住みやすい所だったのだろう。『新社会』十月号の消息欄に政太郎の転居が出ている。

▲渡辺政太郎氏　小石川区指ヶ谷町九十三番地に移転。花井質店の裏手を折れ曲ってずっと奥の方に行った処です。

この二度目の指ヶ谷町の借家が、政太郎の「終《つい》の栖《すみか》」となるが、この家については、政太郎の没後、しばらく同家に寄留したことがある小沢景勝氏が、筆者に次のように語ったことがある。

小沢景勝氏は山梨県出身で、大正十年、二十歳のとき第二回メーデーに参加、公務執行妨害で検挙され、未決で出所後、同郷のやよに引取られ、しばらく渡辺家に厄介になっていた人である。

「渡辺さんの家は、春日町から白山の坂へかかる前、左へちょっと入ったところでしたが、白山の崖下になるので、陽当りの悪い家でした。玄関二畳、奥に四畳半、それにお勝手の板の間があるだけの小さな家で、すぐ裏手は釣り堀になっていました。

私がお世話になったのは、政太郎さんが亡くなられたあとでしたが、独学でフランス語を勉強されてたそうで、フランス語の本が何冊もあったのが印象に残っています。

私がいた頃も、指ヶ谷の狭い家でずっと北風会の研究会が続けられていて、おばさん（やよのこと）がいそいそと世話をしていましたが、人数が多くて家に入りきれないときは、白山上の南天堂に場所を移してやっていました」

北風会というのは、政太郎が生前主宰していた研究会を、彼の死後、政太郎の号「北風」をとって名づけられたものだが、日本の労働運動史上、重要な役割を果すことになる。

また、小沢景勝氏は、親身に面倒を見てくれたやよの想い出を次のように語った。

「身体は小づくりでしたが、肉づきがよく、働き者の丈夫な人でした。丸顔で、いつもにこやかで、声はちょっとしゃがれていましたが、話に活気がありましたね。何かのときにはキリッとした顔になって、ちょっと怖い感じになりましたが、心の豊かさが顔に出ている人でした。

私は出所後、おばさんに引き取られて、しばらくのんびりしていなさいと言われましたが、そうもいかないので、小石川の職業紹介所へ出かけたら、雨に打たれて肺炎になったんです。そのとき、おばさんは、大豆とにんにくの自家療法で治してくれましたが、これで治るんだという、強い信念みたいなものを持ってましたね。

北風会の世話をしながら、ずっとクリスチャンでした。よく聖書を読み、讃美歌を歌ってました。私も教えてもらって歌うと、いい声してるねえって、涙ぐみながら聴いてるんですよ。政太郎さんも、社会主義の運動をしながら、最後まで聖書を捨てられなかったようです」

この指ヶ谷町の狭い借家に最後の引っ越しをした頃、政太郎は宿痾の結核が悪化してかなり身体が弱っていたが、十月初旬から、京橋木挽町六丁目、出雲橋際に建っていた平民病院の院外雑役夫としてチラシ配りなどを始めた。

平民病院は、堺利彦と同郷(福岡県の旧豊前地区)という縁から、初期社会主義運動の保護者《パトロン》となった「独国医学士」加藤時次郎が、大正四年十二月、従来の加藤病院を改称したもので、病院経営の基本を、「薄給者、生活組合員又は特に事情あるものに対しては、規定の料金費用を低減す」(平民病院内規第三条)と謳っていた。

加藤時次郎は、この平民病院のほか、購買組合、信用組合を事業とする生活社、貧民の権利を保護するための平民法律所、「無産大衆食堂の模範」をめざす平民食堂など、多面的な貧民救済活動を展開して、特異な足跡を残した人物だが、社会主義運動に対しては深入りせず、パトロンの位置に止まった。

加藤は普通選挙運動にも肩入れして、六年末には、堺利彦、石川半山、久津見蕨村《くつみけつそん》、中村太八郎たちと普通選挙同盟会を再興し、平民病院に同盟会の看板を掲げたが、当局の圧力が加わると、わずか十日にして看板をはずしてしまうような弱さもあった。そのため尖鋭な社会主義者の間では、加藤を「腰抜けの慈善家」などと厳しく批判する声もあった。

この加藤時次郎経営の平民病院で、政太郎は結核に蝕まれた身体で、和田久太郎や唖蟬坊のひとり息子でまだ十五、六歳の少年だった添田知道たちと、病院のビラ配りをして糊口をしのいでいたが、貧民救済をモットーとした加藤時次郎の事業にも、看板倒れが多かったようで、政太郎が亡くなった直後、血気の添田知道は『新社会』誌上（大正七年八月号）で、加藤ドクトルに「平民成金！　卑怯者！」と嚙みついている。

卑怯な院長さん！　あなたは平民食堂の豚汁召しあがりましたか。あの汁はなんですエ、ちょっとばかりの野菜の上へ豚が二片《ふたきれ》泳いでらア、いつでも。あれが人並に豚汁と云へますか。

平民食堂は、大正七年一月、新橋烏森の平民倶楽部の地下に開設されたもので、開店当初「安い！」と評判を呼んで多勢の客が詰めかけ、品切れで二、三百人も断わらねばならないほどの繁昌ぶりだったが、食べざかりの知道少年にとっては、食った気がしないお粗末さだったようだ。

ちなみに、平民食堂は、平民汁と称する豚汁を売りものにしていたが、料金は、平民汁、めし、たくあんで十銭、味噌汁、めし、たくあんで七銭、などとなっていた。

かけそば五、六銭という時代だから、添田知道は、豚が二片の平民汁がよほど癪に障ったようで、さらに『新社会』九月号でも、神田橋際のめし屋「命の親玉」では、めし二銭、汁一銭、煮しめ二銭、煮魚四銭で、うまいものを食わせてくれるとほめたたえた上で、再び次のように加藤ドクトルに噛みついている。

あゝさうだ、加藤ドクトルなどをかういふ処へ引っ張って来て、さうしてこのほんたうの平民的な飯を食はしてやりたいよ。

うん、このドクトルで思ひ出したがね、あの渡辺（註、政太郎のこと）さんさ、自分の当座の命をつなぐ為に、毎日々々僅か五十銭か六十銭で、平民病院のビラをまいて東京市中を廻ったんだよ。さうしてそれが元でたうとう死んで了ったさ。これが丁度俺達の運命だよ。

大正六年秋、米価は一升三十銭前後。平民病院のビラ配りは、一日歩き廻って、米が二升買えるか買えないかの収入だった。

当時は、第一次大戦による造船ブームなどで、山下汽船の山下亀三郎、内田造船所の内田信也、久原鉱業の久原房之助など、いわゆる大正成金が続出し、そんな成金たちが一夜で数千円を花柳界で浪費して話題になるような時代だったが、一方では、河上肇が『貧乏物語』（大正五年九月〜十二月、大阪朝日新聞連載）で、「おどろくべきは、現時の文明国における多数の貧乏である」と書いた時代でもあった。

巷では、添田唖蟬坊の皮肉たっぷりの「ノンキ節」がはやっていた。

〽貧乏でこそあれ　日本人はえらい
それに第一辛棒強い
天井知らずに物価はあがっても
湯なり粥なりすすって生きてゐる
ア　ノンキだね

ヨーロッパで大戦が勃発した直後は、米価は低落していたが、やがて戦争景気が訪れるとともに、米価をはじめ諸物価が値上がりして、貧乏人はますます暮らしにくい世の中になっていた。おまけに政太郎の体調は悪くなる一方で、ビラ配りにも出たり出なかったり、渡辺家の貧乏生活も底をついた感じだったが、その貧しい暮らしに季節のうるおいを与えてくれる人もいた。

府下北多摩郡高井戸村の百性愛道場主江渡狄嶺とは、明治四十年代から親交が続いていたが、狄嶺夫人ミキの日記にこんな記述がある。

大正六年八月十四日
英様《ひで》、三淵、綱島、渡辺三氏へ西瓜持参。米屋へも一個。（朝）五時出発。（夕）五時帰宅。土産、三淵さん、縞木綿半反、奥さんの古単《ひとえ》、そうめん一箱、カゼコン菓子。渡辺さん、刻鯣《きざみするめ》二十銭位。

米屋、ビスケット一箱。

英様《ひで》とは、狄嶺が「心弟」と呼んでいた道場の協力者小平英男《ひでお》のこと、三淵というのは、狄嶺と第二高等学校（仙台）と東京帝大法科で同級だった親友で、戦後、最高裁判所初代長官となった三淵忠彦のこと、綱島というのは思想家の綱島梁川《りようせん》の遺族、もちろん渡辺は渡辺政太郎のことである。綱島梁川は病弱で、明治四十年にすでに病死していたが、神秘的な宗教体験『見神録』などを書いた梁川に私淑したことがある狄嶺は、なおその家族に季節の果物を届けていたのだ。

なお、西瓜は当時まだかなりの貴重品で、高井戸村では狄嶺一家が西瓜栽培の先鞭をつけており、狄嶺は「西瓜に於ては、幸にしてこの地の創始者たるの名誉を有するものである」と自負していた。小平英男は早朝から一日がかりで東京市内の三軒の家に西瓜を配ってまわったわけだが、その丹精こめた西瓜を贈られるほど、政太郎と狄嶺は深い友情に結ばれていた。

同じくミキの日記。

同年九月二十四日

父様（註、狄嶺のこと）昨日庄七様へ転宅祝ひに招かれて行き、今日帰る。渡辺様より古ジャノ目、魚煎餅を頂戴。

この時は、狄嶺が知人の転居祝いで市内へ出かけたついでに、指ヶ谷町に引っ越して来たばかりの渡辺家を訪ねて、歓談のひとときを持ったのだろう。雨でも降り出したのか、政太郎夫妻は狄嶺に古い蛇の目傘を進呈し、魚煎餅を手みやげに持たせている。

渡辺家も貧しかったが、浮世離れした思想家を主といただく江渡家も、「たった四銭よりなし」と妻ミキが日記に書き記す日があるほどの綱渡りの貧乏暮らしだった。

しかし、両家は深い人間的なきづなで結ばれ、一方は丹精こめた畑の作物を贈り、片方は心をこめて魚煎餅や古傘を贈り、貧しい暮らしの潤いとしていたのである。

小沢景勝氏の話によれば、政太郎没後の大正十年末、やよが小沢氏を伴なっていったん山梨の郷里へ引き揚げたときも、やよは一日かけて高井戸村の江渡家まで別れの挨拶に出向いたほど、親交が深かったという。

なお、その際、やよが別れの挨拶に出かけたのは、高井戸の江渡家のほか、前年（九年）の秋七年半ぶりにヨーロッパから帰国していた石川三四郎、堺利彦夫妻、山川均夫妻、日比谷で洋服店をやっていた服部浜次などで、いずれも政太郎と親交があり、彼の没後も、残されたやよの身の上を親身になって心配してくれた人々だった。

これらの人々は、キリスト教と接点を持たなかった堺利彦は別として、いずれもキリスト教と深くかかわった人たちで、その思想的系譜が政太郎夫妻と軌を一にしている人たちでもあった。

江渡狄嶺はキリスト教の洗礼を受けていたし、石川三四郎は、麻布霞町時代、政太郎と一緒に日曜学校をやった仲間であり、服部浜次もクリスチャンで、横浜の海岸協会で荒畑寒村、村木源次郎たちと親しくなって、横浜平民結社「曙会」をつくった人物である。やがてマルクス主義者となった山川均も、京都の同志社に学び、聖書を「地上に正義と愛と人道の天国を建設しようとする運動の記録」（『自伝』）として読みとっていた人物である。

そうした人間関係を見ても、渡辺政太郎はなによりもキリスト者であり、和田久太郎が「渡辺君は労働運動を救世軍式にやる人だった」という同志の言葉を書きとめているが、渡辺政太郎はまさに労働運動における救世軍兵士だったと言えよう。その兵士の戦いは、倒れる日まで続いたのであった。

第九章

一　政太郎の最期

ロシア革命の興奮のなかで、一九一七（大正六）年が暮れ、一九一八（大正七）年が明けた。

政太郎にとってはこれが最後の正月となるが、日本の新聞の多くが、レーニンを「独探」（ドイツのスパイ）呼ばわりなどして、ロシア革命を歪曲しようとする風潮のなかで、革命の真相を伝えようとした『新社会』は、一月号から発売禁止を受け、この年もまた苦難の幕あけだった。

堺利彦によれば、「近頃流行するもの。骨董品の売立、株式講議録、二十五年勤続、神秘的な治療法、ストライキ、新会社設立、レーンコート、オーバーシュウズ、発売禁止、選挙権拡張の噂、何々調査会」といった時代で、政太郎にかかわり深いものといえば、ストライキ、発売禁止ぐらいなものだが、社会主義運動も、勤続二十年ほどにはなっていた。

なお、この一月には、葉山の日蔭茶屋事件以来、ほとんどの同志に背を向けられて、どん底生活を送っていた大杉栄が、妻の野枝を片腕として『文明批評』を発刊した。創刊号には、荒畑寒村や山川均、菊栄夫妻が寄稿したが、彼らは寄稿者に止まった。

二号には、大杉はその思想の真髄を端的に物語った「僕は精神が好きだ」を発表して、意気盛んなところを見せたが、支援者は乏しく、雑誌はわずか三号で終わった。

しかし、ようやく動きだした大杉栄のまわりには、村木源次郎、和田久太郎、近藤憲二など個性の強い青年たちが集まり、やがて新しい大杉派が形成されてゆくことになった。

そうした動きのなかで、政太郎は病苦と貧苦と戦いながら、労働者教育に最後の力をふりしぼっていたが、一月ぎりで、それまで指ヶ谷の自宅で開いていた「実生活研究会」（毎月一日）「茶話会」（毎月十五日）を、両方ともやめてしまった。

近藤憲二によれば、この年の正月、政太郎は近藤たちに、「世間もだいぶ面白くなってきたし、今年はバカに油がのっているから、この勢いで死ぬまで戦ってみるんだ」と、意気軒昂たるところをみせたそうだが、なぜ自宅の研究会を中止することになったのだろうか。

官憲記録は、最後の茶話会の席上、添田唖蟬坊、久板卯之助、和田久太郎たちを相手に語ったという政太郎の言葉をこう伝えている。


堺一派は普通選挙運動を始め、大杉は『文明批評』を出して別に会合を企て、新しき運動を始めるとのことだ。そんな風に実際運動が起こってくると、ここに判然と分派することになる。ぼくはまたぼくの立場を明らかにし、旗幟を鮮明にする必要がある。今まではただ一時のつなぎに、一日、十五日の会合をやってきて、堺にも、荒畑にも、高畠、山川にも、また大杉派の人にも来てもらってゐたのだが、今後判然と分派してくると、勢ひ争論が真剣になってくる。従って、感情上にも自然面白くないことが生ずることと思ふ。我々は過去に於て、さうした苦い経験を持ってゐるからよくわかってゐる。

今ひとつは新しい人たちのことを考へてみなければならぬ。新しい人にそんなことを見聞きさせたくない。のみならず、新しい人々に理解を与へる上にも、立場立場を鮮明にしたはうが利益だと思ふ。早くわかると思ふ。

無論、この会を解散しても、新たに何か会を起こす考へだが、諸君と一致する点は共にやっていく。ぼくの立場は労働組合運動でいく。


これは渡辺家の会合に潜入していたスパイの報告によるものだろうが、この時期、政太郎がどういう立場に立ち、何を思い悩んでいたか、大体のところは読みとれる。

政太郎は、「アナ、ボル」（アナキストとボルシェヴィキ）の対立を予感しながら、なによりもまだ力の微弱な運動の分裂を恐れていたし、新しく運動に参加してくる若者たちをその分裂に巻き込むことに心を痛めていた。また、ロシア革命とともに一段と激しくなってきた官憲の弾圧に、強靱に耐え抜く運動の方途も探らねばならなかった。

日毎に病気は悪化していたが、それでも政太郎は運動の前線に身をさらし、二月八日には、普通選挙運動の集会にからんで警視庁に検挙された。

東京朝日新聞二月九日付の記事によれば――


八日午後二時頃より夕刻にわたり、堺利彦、福田狂二、藤田貞二、渡辺政太郎の四名は警視庁に検束せられ、尚、福田等が市内に配布せんとしたる印刷物も全部警視庁に押収せられたり。

右は例の普通選挙運動の為、九日、日比谷公園に集会を催すべく企図したる結果にして、特別高等課にて取調中。

病弱な身には、この寒冷な季節の検束がこたえたのだろう。このあと、政太郎は病臥しがちな生活になった。

『新社会』三月号の「遠近消息」欄には、こう出ている。

▲渡辺政太郎氏　二月八日の検束以来、急に発熱、横腹が痛むと云ふから、又例の肋膜かと心配中、但し之も既に快方。

しかし、「すでに快方」などという、なまやさしい病状ではなかった。すでに結核は末期症状で、腸をも犯していたと見られる。

『新社会』五月号が伝える政太郎の消息は、一段と深刻である。

渡辺政太郎君は、二月以来寝たり起きたり、大ぶん疲労してゐる。「癒りかかると病院へ行くので又悪くなる」、渡辺君はかう云って、その水気のない肺臓から絞り出したやうな悲痛な声量を、無残にカケちぎれた下駄の歯のやうな歯の間からヤケに放り出した。

悪くなると病院へ行って又善くなると云ふのが普通であるのに、善くなって病院へ行って悪くなるとは、何たる皮肉であらう。渡辺君は病院で癒る肋膜炎を病んでゐる。そしてそれを悪くする為に、病院のチラシを撒きに行くのだ。

無署名だが、おそらく一緒に平民病院のビラを撒いていた和田久太郎か添田知道の報告と思われる。諧謔味の強い文章や「渡辺君」という表現からすると、久太郎のように思える。

結核も末期症状になりながら、政太郎はなお生活の資を得るため平民病院のビラを撒き、運動にも最後の執念を燃やしていたが、三月にはいると、再び自宅の研究会を再開し、三月十五日、「社会主義研究会」の第一回会合を開いている。

四月七日には、亀戸の労働者街に居を移して、「月刊労働新聞」を創刊していた大杉栄の主宰で、露国革命記念会が赤坂一ツ木町の大きな家に住んでいた福田狂二宅で開かれ、政太郎はその世話人に名前を連ねてはいるが、もはや出席できない身体だった。

官憲記録によると、十九人（近藤憲二の『回想』では約四十人）が集まり、大杉が無政府主義の立場から、一党独裁のロシア革命に批判的な発言をしたため、堺利彦、高畠素之と激しい論争になり、あわや腕力沙汰になりかけたという。

険悪な空気になったのは事実で、傲慢なところがある高畠から嘲笑された大杉派の村木源次郎が、翌日、ピストルを懐にして売文社に乗り込み、編集室で執筆中の高畠の前にぬっと立ってピストルで顔に狙いをつけ、高畠が顔色を変えると、「なに、冗談ですよ」と言ってピストルを収め、悠然と部屋を出て行ったというエピソードを残している。

これは、のちに関東大震災時の大杉虐殺の報復に、和田久太郎と共に立ちあがった村木源次郎の激しい一面を物語るエピソードだが、「源兄ィ《に》」と呼ばれた彼は、心やさしい男でもあった。
かつて世話になった渡辺政太郎が動けない身体になると、村木は在京の同志たちの間をまわって義捐金を集め、四月末に四十円という渡辺家にとっては大金を届けているし、政太郎の最期も、ほとんど付きっきりで看とっている。
堺利彦は、政太郎の死の数日前に見舞ったときのことをこう書いている。

私が最後に見舞に行った時には、渡辺君は頭と胸に氷嚢をあてて、スヤスヤと寝てゐたが、物音に眼をさまして私の顔を見ると、例の無邪気な笑ひを痩せた顔一面に浮べて、サモ嬉しさうに其眼を光らせた。耳はもう聞こえず、口もモウ碌にきけぬのであった。折々咳をして痰が出ると、側に付いてゐる村木君が紙でそれを拭き取ってやる。細君は部屋の隅の長火鉢で粥を煮てゐる。一方の部屋の隅には小机があって、誰かが持って来た奇麗な西洋花が活けてある。鴨居の上には田中正造翁の書の額が掛ってゐる。之ならマア渡辺君も安らかに死ねると思った。
（『新社会』渡辺政太郎追悼文の一節）

山川均も最後の別れに駈けつけ、そのときの模様を『新社会』にこう書いている。

非常に悪いと聞いて駈けつけたら、昨夕から全く口が利けなくなったと云ふことで、顔を見て何か云ひたげに口の辺りをピク〳〵させるばかりで、渡辺君はもう一言も云はなかった。そのうち、手真似で妻君に紙と鉛筆を取らせて、「石川三四郎」と書いて妻君に見せるが、何の事だかわからない。屹度《きつと》精神に異状があって、僕と石川君とを取違へて居るのだらうといふので、僕が「山川」と書いて見せると、首を振って今度は石川君と関係のある本の名『××××××』の七字を書いて、頻りに玄関の方を目配せした。

僕は妻君から其本を受取って、訳はよく分らぬが、「之は僕が確に預かっておく」と書いて見せたら、渡辺君は頻《しき》りに點頭《うなづ》いた。今度は、「元気をだして早くよくなって呉れ」と書いて見せると、又點頭いて微笑した。

渡辺君は其後少しよくなったが、終《つい》に起たなかった。日本社会主義は、労働者との連鎖の最も大切な一環を失った。あの本は渡辺君が形見の為に僕に遺されたものだったことを、僕は其後に伝へ聞いた。

伏字にされた七字の本の題名は『西洋社会運動史』にまちがいない。山川均と石川三四郎はともに理知的な細面で、多少似通った風貌だったので、最初、石川と取り違えたと思ったのだろうが、政太郎は意志的に、石川三四郎の『西洋社会運動史』を山川均に贈ったのだった。

人生最期の時を迎えようとしていた政太郎の脳裡には、大正元年暮れの深夜、雪の降り積んだ街を、官憲の裏をかいてひそかに出版した『西洋社会運動史』を、石川三四郎と二人で、築地の印刷所から日本橋大伝馬町の逸見山陽堂の倉庫まで運んだ夜のことがよみがえっていたのかもしれない。

ヨーロッパへ渡ったまま遂に再会する機会を得なかった石川三四郎への惜別の思いをこめて、三四郎が心血を注いで書いた本を、優秀な理論家として指導的立場に立ち、その誠実な人柄にも信頼を寄せていた山川均に託し、後事を頼みたいという気持だったのだろう。

石川三四郎と山川均は、やがて来るアナ・ボル対立のなかで、その歩く道を異にしてゆき、政太郎の遺志はひき裂かれることになっていったが……。

渡辺政太郎は、その死の間際までよく働き、社会主義運動の行く末に思いをめぐらしながら、大正七年五月十七日午後六時三十分、永眠した。乾酪性肺炎と診断されたが、結核が命とりとなった。貧苦と戦いながらの、「地の塩」のような四十五年の生涯だった。

未来の理想社会を描いたものとして、政太郎が熱心に推賞したエドワード・ベラミーの『百年後の新社会』によれば、四十五歳は労働服務を終える年であり、あとは安楽に余生を楽しめることになっていたが、政太郎はそのユートピアの門口にも立てないまま逝った。

政太郎辞世の歌

打たば打て　つかばつけ
既にこはれし此の鐘は
浮世の春にあいそつきけり

二　メーデーの朝

政太郎が亡くなった五月十七日の夜、翌十八日夜と通夜を重ね、葬儀は十九日の朝七時頃から行なわれた。

その葬儀に先立ち、世話人の間では次のような申し合わせが行なわれた。

一、今後、同志の葬儀は、宗教の何たるかを問わず、読経を廃し、一同革命歌を合唱すること。
一、同志中の代表者が弔辞を述べる。
一、棺は黒布で包んだ上で荒縄で縛り、白木の棒で担う。
一、棺の前後に無地の赤旗各一旗をたてて行列する。その途中、適宜革命歌を合唱する。

すでに運動は、アナ派、ボル派に分裂の兆しを見せていたが、政太郎の葬儀には在京の同志の主だった者はほとんど顔をそろえた。参列しなかったのは、孤立していた大杉栄ぐらいなものだった。辻潤の妻であった頃、政太郎にさんざん世話になった伊藤野枝も顔を見せなかった。

血縁者は、東京の下町、吾嬬《あづま》町に住んでいた次弟の永造、山梨県大河内村の若林家の養子になっていた末弟の春造、各地に嫁いだ妹たちが駈けつけた。

告別式は、政太郎の最期をよく看とった村木源次郎の司会で行なわれたが、それに先立つ納棺の際、村木は彼ならではの事をやってのけた。近藤憲二はその著『一無政府主義者の回想』に、こう記している。

渡辺の小父さんの遺骸を納棺するときであったが、なにぶん一昼夜近くも寝かしたままにしてあったので、骨が硬直していて、小さい坐棺におさめるにはたいへんな苦心で、もてあましていた。すると村木が、おれにまかせろといわぬばかりに乗り出してきて、まるで薪《まき》ざっぽうでもへし折るような調子で、足を膝頭にあててポンと折るのである。同志のうちでも最もながく、そして最も故人と親交のあった彼が、この手荒なことをするのである。涙を頰に伝わらせながら。私は、この涙のなかに彼の半面を見た。そしてこの行為のなかに他の半面を見た。この両面が相混合するところに彼の全貌を見るような気がした。

そんな村木源次郎の司会で、参列者一同が遺体をとり囲んで、築比地仲助作の「革命歌」を合唱したあと、堺利彦、山川均、高畠素之などが告別の辞を述べた。

告別式が終わると、坐棺は黒塗りの駕籠に乗せられてかつぎ出された。駕籠には、同志の画家望月桂の描いた故人の肖像画がぶらさげられていた。絆纏姿の和田久太郎が先頭に立ち、一同は革命歌を歌いながら、三河島の火葬場に向かった。

〽嗚呼革命は近づけり　嗚呼革命は近づけり
起てよ白屋襤褸の子　醒めよ市井の貧窮児

見よ我自由の楽園を　蹂躙したるは何者ぞ
見よ我正義の公道を　壊廃したるは何奴ぞ
…………

五十人ほどの葬列のあとに、制服や私服の警官がぞろぞろついて来たが、この日ばかりはなんの干渉もしなかった。

赤旗を先頭に立て、一団の警官をうしろに従え、革命歌を歌いながら街中を練って行く珍らしい葬列に、沿道の人たちは眼を見張ったが、この「同志愛に満ちた」渡辺政太郎の葬儀は、官憲にとってもまことに印象深いものがあったようで、『特別要視察人状勢一班』には、渡辺政太郎の死の前後のことが、葬儀で歌われた革命歌まで全節採録して、異例の長さをもって詳しく記述されている。官憲もまた、政太郎の葬儀には深く感じるものがあって、簡単な記述ではすまされなかったのであろう。

和田久太郎によると、渡辺政太郎はつねづね、「おれたちが親しい同志をつくるためには、ちょうど親が赤ん坊を育てるような心持ちで接しなければならない」と語ったというが、葬儀には、政太郎に育てられた若い労働者たちが多数参列し、心から哀悼した。

政太郎の遺骨は、村木源次郎の世話で、渡辺家の研究会に顔を出していた若い同志、延島英一家の墓地、小石川区（現在、文京区）小日向の道栄寺に葬られた。

望郷への思い絶ちがたかった政太郎だが、戸主であった彼の流浪で一家は離散し、甲府郊外のふるさとの墓地には帰れなかった。

政太郎の良き伴侶であった妻若林やよの生涯についても触れておきたい。堺利彦は、政太郎追悼記の最後に、

渡辺君には子供がない。細君やよ子さんは之から独りで寂しく暮らすだらう。私は此際特に、久しいあひだ無職業の渡辺君を助けて、善く主義の為に働かせて来たやよ子さんに対して、満腔の敬意を表せざるを得ない。

と書いているが、政太郎の運動を支えてきたのは、なによりもやよの力だった。休みなしの針仕事で生活を支え、夫に思い通りの生涯を送らせたやよは、政太郎にとってかけがえのない伴侶であった。政太郎夫妻と親しく接した近藤憲二も著書の中でこう書いている。

渡辺さんのことを書いた私は、同時に八代《やよ》夫人についても書いておきたい。渡辺さんの社会主義者としての活動のかげには、小母さんの内助の功を見のがすわけにはいかぬからである。渡辺さんは、前に書いたように、つねに職業らしい職業を持たなかった。その生活の糧は、ひとつには小母さんの裁縫の賃仕事に支えられていたといってもいいのである。それだけではない。貧乏のドン底にあっても少しも愚痴をこぼさず、いつも明るくニコニコとして、みんなの面倒をよくみてくれた。

貧苦のなかでいつも暖い笑顔を絶やさなかったやよは、政太郎とまったく同質の人間であり、まさに夫唱婦随だった。

やよの晩年、交流の深かった石川三四郎の養女望月百合子さんは、筆者にこう語った。

「大正の末頃、パパ（註、石川三四郎のこと）と私は、中里から杉並の成宗に移りましたが、その頃やよさんはよく成宗の家に見えてました。二、三ヵ月も滞在して、当時カリエスでぶらぶらしていた私の代りに、家事を手伝ってくれたことがありますが、ほんとに働き者でしたね。

小柄で、見た目はか弱そうでしたが、たいへん丈夫で、それにやさしい人でした。いつもやさしい笑顔でよく働き、他人の家を転々としていても、粗末な着物を着ていても、いやしさがまったくなく、いつも春風が吹いているような感じの人でした。

自分のことは何も語りませんでしたが、夫の政太郎さんのことはよく話していました。彼女は夫をキリストだと思っていたのではないでしょうか。彼女自身はとにかくキリスト者で、神の道と、夫の歩く道と、アナキストの道は、みんなつながっていると信じているようでした」

政太郎の死後も、渡辺家での研究会は続けられ、政太郎の雅号「北風」をとって、「北風会」と名づけられた。

この北風会は、やがて大杉栄、和田久太郎たちの労働問題座談会と合流して、大正期労働運動のアナキスト系の拠点となった。

北風会は、毎月一日、十五日、指ヶ谷町の狭い渡辺家で開かれたが、やよはいそいそとみんなの世話をした。いわば、労働者クラブの世話好きのおばさんだった。研究会に集まる労働者たちは、ひとり毎月二十銭ずつ出して、やよの生活費の一助とした。

こうした活動が官憲にマークされ、政太郎の死後一年余経った大正八年八月、若林やよは特別要視察人乙号に指定された。

●若林やよは渡辺の死後、引続き、小石川区指ヶ谷町九三番地に居住し、同志近藤憲二等が主催にて、渡辺の雅号北風に因《ちな》み、「北風会」と称する同志の会合を毎月二回居宅に開催せしめ、大正八年一月、北風会は大杉一派の会合と合併し、若林方を会場とし、且つ主義者の倶楽部となし、主義に関する図書を蒐集して同志及希望者の閲覧に供することとし、爾来、毎月二回同志会合を開催し来れり。
若林は各種の主義者の会合に列席し、又自宅に主義者を同居せしめ、且つ自宅に出入りする者に対し、「社会主義は将来益々盛んなるべきを以て、之を研究するは人たるの道なり」と主義の鼓吹を為すを以て、大正八年八月十九日、乙号に編入せり。

やよは夫政太郎の遺志の忠実な後継者であったが、北風会は時代の色に染められていく。アナ、ボル分裂の兆しのなかで、政太郎は旗幟を鮮明にしないまま逝ったが、その晩年の人間関係――村木源次郎、和田久太郎、近藤憲二など大杉派の暴れん坊たちと深い交流があったところから、いつしか渡辺家はアナ派のたまり場になっていた。

やよはその後、前述したように、大正十年のメーデーの際、公務執行妨害で捕まった甲府出身の青年、小沢景勝の身元引受人になって自宅に引き取ったあと、同年末、小沢を伴なって甲府へ帰ったが、甲府でも活動を続けたと、小沢氏は筆者に語ってくれた。

「甲府では、私の友人の矢崎源之助が二階家を借りてくれて、私が上に住み、おばさん（註、やよ）が下に住んで、若い者を集めて研究会を開いていました。

そのうち、「嗚呼革命は近づけり」の革命歌と、荒畑寒村作詞のロシア革命の歌を、裁判所の書記をしている仲間に裁判所の謄写版を使って刷らせ、それを配ったところ、憲兵隊の手に入って、私や矢崎は検挙されたんです。これでまた禁錮三ヵ月を食らって、大正十一年の初冬、甲府刑務所を出たら、おばさんはもう東京へ帰っていました。甲府では落ち着けなかったんでしょうね」

その後、やよは、昭和二年四月、兄若林市介の四女、喜美子が結婚する際、喜美子を養女として入籍し、新婚の喜美子夫妻が住んでいた山梨県北巨摩郡日野原村の峡北農学校の官舎にしばらく同居して、まだ十代だった喜美子の家事の指導をしていたが、「私はやっぱりひとり暮らしのほうがいい」と言って東京へ戻っている。

東京へ戻ると、ヨーロッパから帰国（大正九年十月）した石川三四郎が、帰国後しばらく住んでいた神田鎌倉河岸の木村理髪店の二階に身を寄せたが、昭和四年五月一日、メーデーに出かける支度をしていた時、突然、脳出血で倒れ、広尾の済生会病院にかつぎ込まれた。

そのまま起つことなく、五月二十六日に亡くなったが、望月百合子さんが病院からやよ死去の知らせを受けて駈けつけている。そのときのことを、望月さんは、次のように語ってくれた。

「やよさんが亡くなる前は、しばらく音沙汰がなく、亡くなった日の夜、病院から知らせを受けたんです。ちょうどパパ（註、石川三四郎のこと）が上海の江湾労働大学の講義に出かけていて日本にいなかった時だったと思うけど、私ひとりで翌朝の一番電車で病院に駈けつけました。そしたらやよさんは、運搬車に乗せられたまま霊安室に置かれていました。そばには誰もいず、ぽつんとね。

もともと小柄な人でしたが、絆纏をかけられた姿があんまり小さいので、人間死ぬときはこんなに小さくなるものかと胸がつぶれ、ショックのあまり、私は貧血を起こして倒れてしまいました」

やよの遺骨も、生き残った同志の手で、政太郎の遺骨が葬られた延島家の墓地、小日向の道栄寺に埋葬された。

満五十六歳。夫の死を看とってから十一年が経っていた。そばに付いて看とる人もない寂しい死だったが、その死の数日前、見舞いに訪れた北風会の水沼辰夫に、もつれる舌でこう言ったという。

「私は一度も悪いことをしたことがないから、きっと天国へ行けるでしょうね」

社会主義運動の戦列に夫と共にありながら、最後まで聖書を手放さず、讃美歌を口ずさむ信仰の人だった。清貧の生活に耐え、胸の中で涙しても、笑顔を忘れない人だった。

だからこそ、理想社会の伝道師とも言うべき渡辺政太郎と「地の塩」のような生涯を献身的に続けることが出来たのだろう。

＊　＊

いま、渡辺政太郎、若林やよ夫妻は、山梨県中巨摩《こま》郡白根町飯野の日蓮宗妙善寺の墓地で眠っている。妙善寺現住職の母、若林喜美子さんは、やよの姪であり、やよの養女になった人で、この喜美子さんの所在を探しあてた富士市在住の高校教師で近代史研究家の加藤善夫氏や、晩年のやよと親交があり、やよの死にも駈けつけた望月百合子さんの尽力によって、一九七九（昭和五十四）年、政太郎とやよの遺骨は、長らく居候していた文京区小日向の道栄寺の延島家の墓地から、妙善寺境内の墓地に移され、立派な墓石が建てられた。夫婦墓で、黒御影石の丈高い墓石に、キリスト教徒だった二人に戒名がつけられ、公聴院法山帰入信士、公正院寿林妙光信女と刻まれた。

筆者が初めてこの妙善寺の墓に詣でたのは一九八一年初夏のことだった。この飯野のあたりは一面の桜桃畑で、広い妙善寺の境内にも折から数十本の桜桃の樹がたわわに紅の実をつけていた。

まだ健在だった喜美子さんはこんな思い出話をしてくれた。

「養女と申しましても、叔母やよとは、結婚当初、四ヵ月ほど一緒に暮らしただけでした。まだ十八歳だった私に、いろいろ家事を教えてくれましたが、四ヵ月もすると、叔母は、私は東京のほうがいいと言って出て行きました。

料理も裁縫もよく出来る人で、人と話しているときも、縫いものの手を休めないような働き者でした。歯が丈夫なのが自慢で、するめいかを焼いて食べるのが好きでしたね。

仕事の合い間には、家の近くの松林に出かけて、よく讃美歌を歌ってました。ええ、ずっと信仰を持っていたと思います」

また、政太郎については、

「叔父さんとは、小さい頃会ったきりで、ほとんど覚えていませんが、若林の家では、みんな『神様のような人だ』と言ってました。若林の家に見えるときも、いつも警察の尾行つきだったそうですが、叔父さんのことを悪く思う人は誰もいなかったそうです」

何か遺品はのこっていないかを筆者は尋ねたが、何も残されてはいなかった。

「有名な方のお手紙やら、多少はございましたが、叔母の死後、みな始末してしまいまして……」

苦渋の色をうかべた返事だった。

やよが亡くなったのは昭和四年だが、死ぬまで警察に監視される身であり、国家に楯突く社会主義者やアナキストは「非国民」とされた時代である。昭和二十年夏の敗戦で、戦前の国家体制が崩壊するまで、「非国民」の養女であった若林喜美子さんとしては、養母との縁を絶ち切るようにして生きるほかなかったのであろう。政太郎とやよの遺骨がふるさとの山梨へ帰る日が遅かったのも、そうした事情が介在していたのかもしれない。

立派な墓石に合掌しながら、筆者は、政太郎がむさ苦しい髭面で困ったような笑顔を浮かべて「墓石が立派すぎてこれでは晴れがましい」と言っているような気もしたが、これには喜美子さんのせめてという精一杯の思いがこもっているのかもしれないとも思った。

妙善寺のある山梨県白根町の一帯は、春には桃の花が咲き乱れる「桃源境」となる。初夏には桜桃がたわわに紅い実を結ぶ。東京という大都市の細民として貧窮の生涯を終えた政太郎とやよが、桜桃を口にするようなことはまずなかったろうが、やっとふるさと甲府盆地の一郭へ帰り着き、桜桃のたわわに実を結ぶ境内の墓地に静かに眠っている――

そんなのどかな村里の夫婦墓に、なにか心やすらぐものがあった。

あとがき

本稿は、熊本県荒尾市の故中島康允《やすちか》氏が、一銭五厘の「赤紙」で召集された戦中派の怒りをこめて、定価一銭五厘と銘打って発行された個人誌『遺言』に、一九八二年八月号から翌八三年七月号までの一年間、「微光の人――渡辺政太郎伝」と題して連載したものを、大幅に改稿したものである。

連載中の八二年十月末、中島氏は急逝されたが、『遺言』にこめられた中島氏の遺志を継いで、岐阜県土岐市の柏木隆法氏が発行を続けられ（一九八五年十一月終刊）、本稿の連載を完結することができた。

私が渡辺政太郎伝と取り組むことになった理由は、序章で触れているので繰り返さないが、ここ数年で世界の社会主義体制は大きくゆらぎ、ほとんど崩壊する形となった。ここでその論議をする余裕はないが、社会主義、アナキズムを一つの理想として、献身的な生涯を終えた渡辺政太郎の営為がむなしかったとは私は思わない。むしろ、今のような事態になったからこそ、渡辺政太郎のような人物の墓碑銘を刻んでおかねばならないと思う。

多数の資料、先学諸氏の研究を参考にさせてもらったが、引用資料は、旧仮名使いのものは原則的に原文のままとし、官憲資料だけは、片仮名使いで読みづらいので平仮名に改めた。

取材にあたっては、望月百合子、若林喜美子、小沢景勝、小生夢坊、大島英三郎、秋山清、赤羽宣高齢の治、加藤善夫、柏木隆法諸氏のご協力を得たが、諸般の事情で上梓に手間どっているうちに、小沢氏、小生氏、秋山氏が、相次いで亡くなられた。『遺言』の中島氏とともに、ご生前にこの本をお届けできなかったことが残念である。

上梓にあたっては、私と同じ町田市在住の旧制福岡高校の先輩、土筆社の吉倉伸氏にご面倒をおかけした。敬愛する誠実な出版人の手によってこの本が世に出ることを、私は喜びとする。

お世話になった方々に厚くお礼を申しあげたい。

一九九二年三月

多田茂治

未完の夢――解説に代えて

瀬々敬久

渡辺政太郎の名前を初めて知ったのは近藤憲二の『一無政府主義者の回想』（平凡社、一九六五年）だった。近藤はそこで渡辺について「種まく人」と称している。「渡辺政太郎の名を知るものは、いまは少ないであろう。……社会運動史をひもといても、彼の名を見出すことは稀である。彼が種まく人として刻苦艱難し、ようやく萌芽を見ようとするとき倒れたのは、まことに惜しむべきことであった」

大正アナキスト関連には大杉栄をトップスターにして個性派ぞろいの登場人物たちが時代を彩った。堺利彦、高畠素之、江渡狄嶺、荒畑寒村、村木源次郎、和田久太郎、久板卯之助、難波大助、朴烈、等々。女性陣も個性派ぞろいで伊藤野枝を筆頭に、神近市子、堀保子、金子文子。独特のエピソードと灰汁の強い人間たち。そんな中で僕自身、渡辺政太郎の名前をごくたまにアナキズム関係の書籍の中で見受けたことはあったが、ほとんどピンとくるところは無かった。

それは近藤憲二が記している以下の理由によることも大きいだろう。渡辺政太郎の没年が大正七（一九一八）年、いわば社会運動史の勃興期であり、彼の名前が表に出てこなかった理由がそこにあると。ただ本書を読む限りには運動の縁の下の力持ちとして支えていったいわば、脇役的な渡辺政太郎の性格も大いに影響していたのではないかと思われる。その行動と個性はどうも地味な印象を与えられる。渡辺政太郎は、どちらかと言えば真面目である。アナキストにイメージされる破天荒、出鱈目さと言ったものを彼は兼ね備えていない。いわば大杉らスターを目の前にした時に、時代の脇役なのだ。だからして本書のタイトル『大正アナキストの夢――渡辺政太郎とその時代』が表すように渡辺政太郎というフィルターを通した、大正アナキストたちの人物伝、出来事が描写されていくのが本書と言える。

しかして僕自身、映画監督を仕事としているせいか、何事も映画に例える癖がついている。この本を読んだとき、真っ先に思い出したのがソン・ガンホ主演の韓国映画『大統領の理髪師』（二〇〇四年）だ。映画はソン・ガンホ扮する市井の理髪師がひょんなことから朴正熙らしき大統領の専属理髪師になることから始まる。一九六〇年代から七〇年代の韓国の現代史を、それこそ床屋という空間から覗き見た映画なのだ。ラストは朴正熙らしき大統領が暗殺され、全斗煥らしき大統領に変わるのだが、その新大統領に呼び出された主人公は「閣下、髪の毛が伸びたら切りに参ります」と言って、全斗煥の禿げ頭を揶揄しながら、その独裁政治へ暗に批判を浴びせている。独自のユーモアを持つソン・ガンホの顔立ちと、他者から好かれる性格と風貌の持ち主、渡辺政太郎がどこかでつながったのか、はたまた平民床という床屋を営んでいた政太郎との共通点なのか、時代と国は違えどこの映画を思い出してならなかった。『大統領の理髪師』という映画の特徴は下町の床屋から見た韓国現代史の定点観測であり、この床屋は夫婦で営まれている。そして渡辺政太郎の人生でも特筆すべきは、彼が常に妻、やよと共に場所を持ち続けたことだ。それは時代によって、孤児院だったり、床屋だったり、借家だったり、あるいは南天堂の二階「三角二階」だったりする。そこで勉強会を開き、多くのアナキストたちが交流し、若者たちが育ったということが重要なのだ。古今東西、あらゆる運動には、そういう場所、空間が不可欠である。そういう拠点から運動は始まり、連動し、次につながる。そういう触媒となる場が必要なのだ。考えてみれば渡辺政太郎という人物自身が、触媒的な、空間的な役割を大正アナキストの仲間の中で担っていたのではないかということを、本書を読んでいると何度も思わされた。それは政太郎の人柄によることも大いにあっただろうが、彼とやよで運営する空間に大いに寄ることがあったのではないかと思う。

同じように夫婦でアナキスト連中の交流の場を提供していた人物として、アナキスト画家の望月桂が思い出される。望月は一膳飯屋「へちま」を中心に、芸術家、著述者、運動家、と言ったジャンルを超えた人々の交流の場を作り上げた。もちろん、政太郎と望月の間にも親交はあり、和田久太郎や久板卯之助ら共通の友人も多い。ともに家族的な人間づきあいの中で、場の提供をしてきた縁の下の力持ち的な脇役的人物なのだ。だから望月桂についての書籍『大正自由人物語——望月桂とその周辺』(小松隆二著、岩波書店、一九八八年)のタイトルが本書の題名とほぼ同様の内容を視座しているように、両書籍とも、ある場所と脇役的人物から見た大正史となっている。

もう一つ、社会運動の脇役として場所を提供し支え続けた望月桂と渡辺政太郎の共通点を見るとき、望月桂が長野県、渡辺政太郎が山梨県という、ともに海無し県出身である。そこは四方を山に囲まれ、産業としては田畑で行われる農業が主で、貧しい土地だ。翻ってスターたちの出身地を見ると、海に近い地域が多い。スターの極北である大杉栄は香川県丸亀市の生まれ、幼少時代を新潟県新発田市で過ごしている。ともに海に面した土地だ。荒畑寒村と村木源次郎は横浜生まれ、和田久太郎は兵庫県明石市、堺利彦は現在の福岡県京都府、海に面してないがすぐ近い。僕が映画化したギロチン社の中浜哲は北九州の漁師の息子、玄界灘を見て育ったと述懐していた。中上健次は自身が紀州の海を見ながら育ったことを語り、海の向こうに何を見ていたかによって人は育ち方が変わる、というようなことを書いていた記憶がある。海を見て育ったのか、四方に囲まれた山を見て育ったのか、そこには大きな差があるように思える。渡辺政太郎が生まれた山梨では、一八三六（天保七）年に甲州騒動が起こっている。天保の飢饉に際して、郡内地方の百姓たちが、米屋、質屋に対して起こした打ちこわし、一揆のことだ。この騒動は苛烈極まりなく、のちの世直し一揆に多大な影響を与えたとされている。隣県の埼玉県に目を移せば、一八八四（明治十七）年に秩父の貧困農民たちが自由民権運動の流れの中で蜂起した秩父困民党による所謂「秩父事件」がある。四方を山に囲まれ、貧しい土地の人々が畏れながらと立ち上がった。秩父の困民党は敗走しながら長野県に逃れそこでも戦っている。政太郎や望月が生まれ育ったのはそういう土地なのだ。そういう彼らの血流がアナキズム運動を陰から支える使命を自ら背負ったのではないかと夢想せざるをえない。

話は脱線するが、一九七〇年代の東アジア反日武装戦線を追った韓国の女性監督、キム・ミレのドキュメンタリー映画『狼をさがして』（二〇二〇年）の中にこんなシーンがある。浴田由紀子さんは「大地の牙」のメンバーで、二〇〇七年刑期満了で出所するが、「狼」のシンパだった荒井まり子さんの家を訪れる。荒井さんは「狼」を幇助したことを理由に逮捕され一九八七年に出所、今では宮城県の実家にお母さんと一緒に住んでいる。荒井家に訪れた浴田さんが、ある写真の前でさめざめと涙を流すのだ。その写真は、既に他界されたまり子さんの父が秩父の音楽寺にある「秩父困民党無名戦士の墓」の前で写った写真だった。ことの詳細は映画では描かれない。とにかくこのシーンが印象的だった。想像するに、荒井まり子さんの父は秩父困民党の蜂起に大いに感情移入していたのだと思う。そして困民党の蜂起後九十年経って起きた自分の娘が関わった出来事に対しても「明治の圧政政府」に立ち向かった兵士と同様の思いを嗅ぎ取っていたのではないか。植民地支配に邁進する国家に対して、たとえやり方は間違ったとしても、異を唱えようとしたメンバーに、草莽の志士たちと同じ思いを、なぞらえていたのではないか。そういう思いがさめざめと泣く浴田さんの姿を通して感じられた。

「無名戦士の墓」の墓碑にはこう記されている。「われら秩父困民党　暴徒と呼ばれ暴動といわれることを拒否しない」場所と時間は違えども、山々に囲まれた貧しい土地に生まれ育った甲州出身の政太郎の血脈にもそれは感じられる。だからこそ、彼は縁の下の力持ちとしてアナキズム運動に関わったのでないか。同じことは長野生まれの望月桂にもあったのではないか。生きる時代と場所は違ってもやむに已まれぬ気持がそうさせた。そう思わせるのだ。

先に記したギロチン社と大正時代にあった女相撲の興行を合わせ技で描いた映画『菊とギロチン』（二〇一八年）の中には、頓死した女相撲の力士が死後硬直してしまい棺桶に入らないので親方が手足の骨を折って棺桶に入れるというシーンがある。渡辺政太郎の葬儀の時、硬直した政太郎の身体に村木源次郎が同様のことをしたと『一無政府主義者の回想』には記されている。映画はあたかも政太郎へのオマージュに見えるようなシーンであるが、全くの偶然だった。実をいうと李恢成の小説『百年の旅人たち』（新潮社、一九九四年）の中で同様の描写があり、それが印象深く映画化の折に引用した。『百年の旅人たち』は第二次大戦後、長崎県の大村の収容所で朝鮮への帰還を待つ人々の姿を描いた小説だ。著者自身が経験した出来事が色濃く反映されている。秩父困民党と東アジア反日武装戦線が思念の中で繋がるように、渡辺政太郎の身体が虐げられた朝鮮人たちの身体と繋がることも可能なのだ。

時代と場所は違えども繋がりは往々にして起こる。
そういうことを含めて、本書『大正アナキストの夢』を読むことにおいて、かの時代に生きて、死んでいった人々へ思いを馳せながら、再び、今、現在を問うことが出来るように。今が決して幸福な時代でないように、再び時代と空間を超えて、本書で語られている事柄や生き方を、この時代に問いかけることは可能なのだ。

（ぜぜ たかひさ　映画監督）

渡辺政太郎年譜

	年譜	参考事項
明治6年（1873）	政太郎0歳。 7月17日、山梨県中巨摩郡松島村（現在、甲斐市）で、父庄三、母よねの長男として出生。 8月6日、政太郎の妻となる従妹、若林やよ、山梨県西八代郡大河内村（現在、身延町）で出生。母よしは、政太郎の母よねとの双生児の間柄。	○この年から太陽暦。 ○学制、徴兵令が施行され、7月には地租改正条例を布告。 ○米価騰貴や徴兵令反対で、農民騒擾事件、各地で激発。 ○10月、「征韓論争」で西郷隆盛たちが下野。
明治20年	政太郎14歳。 1月10日、六女すみ生まれ、弟妹六人（二人幼死）となる。傾いた家計を支えるため、横須賀の洗濯屋に丁稚奉公に出る。	○12月26日、倒閣運動に対し保安条例公布。危険人物五七〇人が皇居外三里の地へ追放される。中江兆民、尾崎行雄、星亨、片岡健吉、林有造、山際七司など。
明治22年	政太郎16歳。 横須賀から帰郷して、10月から開業した甲府紡績会社の職工になる。	○2月11日、大日本帝国憲法発布。 ○足尾銅山の鉱毒問題化。
明治24年	政太郎18歳。 結核に犯されて甲府紡績を退職、理髪を習って、村で床屋を開く。	○10月28日、濃飛（濃尾）大地震。死者九、六〇〇人。 ○12月18日、改進党代議士、田中正造、国会で初めて足尾鉱毒問題に対する質問書提出。
明治26年	政太郎20歳。 12月、父庄三の死に伴なって家督を相続する。	○社会主義思想の紹介始まる。

明治27年	政太郎21歳。 母や幼ない弟妹を、やよの実家、大河内村の若林家に預けて単身上京、新聞配達をしながら予備学校に通う。	○6月16日、北村透谷自殺。 ○8月1日、日本、清国に宣戦布告。（日清戦争）
明治28年	政太郎22歳。 いかに生きるべきかに悩み、神田の基督教青年会館の煩悶引受所を訪ねてキリスト教を知り、信徒になる。牧師の世話で、岐阜の濃飛育児院に勤める。	○4月17日、日清講和条約調印。 ○4月23日、独、仏、露三国、日本政府に遼東半島の清国への返還を勧告。（三国干渉）
明治32年	政太郎26歳。 春、濃飛育児院をやめて東京へもどり、東京孤児院の仕事を手伝う。 7月9日、基督教青年会館で開かれた活版工懇話会主催の労働問題演説会に出席、片山潜の演説を聞いて社会主義に開眼する。	○4月、横山源之助『日本之下層社会』出版。 ○8月、社会政策学会、放任主義と社会主義を排斥する趣意書を発表。 ○11月、活版工懇話会、発展的に解消して活版工組合を結成。
明治33年 (1900)	政太郎27歳。 従妹の若林やよ、政太郎の世話で東京孤児院で働くため上京、同棲。	○1月末、安部磯雄、片山潜、幸徳秋水たちによって社会主義協会結成。 ○2月15日、田中正造、鉱毒被災民の請願運動弾圧を国会で質問、憲政本党を脱党。（翌34年10月、国会議員辞任。12月、天皇直訴） ○3月10日、治安警察法公布。
明治36年	政太郎30歳。 夏、静岡県富士郡吉原町（現在、富士市）の渡辺代吉が創立した富士育児院を手伝うため、やよとともに吉原町に移住。	○10月、日露開戦に反対して、内村鑑三、幸徳秋水、堺利彦、「萬朝報」を退社、幸徳、堺は平民社を設立、「週刊平民新聞」を創刊。

	明治37年	明治38年	明治39年
政太郎	政太郎31歳。 春、富士育児院をやめて、大宮町（現在、富士宮市）山本に移転、山畑を借りて百姓を始める。 6月、自宅で、社会主義日曜講話会を始める。 8月下旬、東海道遊説中の平民社幹部、西川光二郎と吉原町で会う。 9月、台風の被害で百姓をあきらめ、鷹岡村天間（現在、富士市）に移って、「平民床」を開く。 10月21日、社会主義伝道行商の山口義三と小田頼造、「平民床」を訪れる。	政太郎32歳。 3月、静岡三人組も社会主義伝道行商を計画したが、政太郎は母よねの病気などで参加を断念。 4月30日、やよ、岩本教会で受洗。政太郎、自宅で日曜講話会を続ける。	政太郎33歳。 春、天間の「平民床」をたたんで東京へもどり、東京孤児院の仕事を手伝いながら、大道飴屋を始める。 堺利彦、西川光二郎、赤羽巌穴たちと交流を深める。
社会	○2月10日、日本、ロシアに宣戦布告。（日露戦争）。 ○「平民新聞」3月13日号、ロシアの社会民主党に対する連帯のメッセージ「露国社会党に与ふるの書」（幸徳秋水筆）を掲載。 ○6月、トルストイ、非戦論を発表。 ○7月、田中正造、谷中村に入居。 ○8月、与謝野晶子、詩「君死に給ふことなかれ」を『明星』に発表。 ○11月、社会主義協会、解散させられる。 ○この年、平民社を中心とする社会主義者の集会は一二四回を数え、裁判事件九件。	○1月、「週刊平民新聞」廃刊、2月、後継誌として週刊誌『直言』発刊。 ○9月5日、日露講和条約調印。 ○9月、『直言』廃刊。10月9日、平民社解散。11月10日、『新紀元』創刊、11月20日、『光』創刊。	○2月24日、堺利彦たちが日本社会党結成。 ○6月末、幸徳秋水、アメリカから帰国、直接行動を主張。 ○11月10日、『新紀元』廃刊。 ○12月25日、『光』廃刊。

明治40年	明治41年	明治42年
政太郎34歳。 2月、日本社会党第二回大会で、直接行動派（幸徳派）と議会政策派（片山派）の対立が激化、政太郎は片山派に属する。片山派は、6月、「週刊社会新聞」を創刊、8月、社会主義同志会を結成、政太郎加盟。 11月末、「平民農場」整理のため、政太郎、北海道へ赴く。	政太郎35歳。 2月、社会主義同志会で内輪もめ生じ、西川、赤羽たちが片山潜を除名、その除名決議に政太郎も加わる。 3月15日、「東京社会新聞」創刊、政太郎、経営者のひとりになる。夫婦そろって本郷金助町の発行所に寄宿。 9月、「東京社会新聞」廃刊。10月8日、政太郎の主宰で廃刊式。	政太郎36歳。 元日、市電運賃値上げ反対市民大会のビラ（発行兼編集人、渡辺政太郎）をまき、2日、会場の日比谷公園で検束されたが、釈放される。 3月、政太郎夫婦、本郷金助町の西川家を出て、麻布霞町の借家に移る。
○1月、堺、幸徳、西川たちによって、「日刊平民新聞」創刊、4月、廃刊。 ○2月、足尾銅山で坑夫の暴動起こる。高崎連隊が出動して六〇〇人検挙。 ○6月29日、谷中村の残留十六戸の強制破壊始まり、7月5日終了。 ○8月～10月、山川均、「大阪平民新聞」に「マルクスの資本論」連載。	○1月5日、横須賀の重砲兵第二連隊新兵、福田狂二逃亡。3月3日、東京麻布の第一連隊の兵卒三十七名脱営、正月18日、大阪歩兵第六二連隊でも兵卒十三名脱営。 ○6月22日、赤旗事件。検挙十四名。 ○7月4日、第一次西園寺内閣総辞職。同月14日、第二次桂太郎内閣成立。社会主義運動に対する弾圧強化。	○1月、クロポトキン『麵麭の略取』（平民社訳）発禁。 ○6月、幸徳秋水、管野すが、『自由思想』発刊、直ちに発禁。 ○10月26日、伊藤博文、ハルピン駅で韓国人安重根に暗殺される。

明治43年（1910）	明治44年	大正元年（明治45）
政太郎37歳。 5月末、赤羽巌穴、信州の生家で書き上げた『農民の福音』を、渡辺家を発行所として秘密出版、姿を消したが、6月3日、静岡で逮捕され、禁錮二年の刑。 6月23日、政太郎母よね、静岡県大宮町（現在、富士宮市）の若林家で死去。	政太郎38歳。 1月18日、大逆事件判決。幸徳秋水たち二十四名に死刑判決。翌19日、十二名は無期懲役に減刑。24日、幸徳たち十一名処刑、25日、残る管野すが処刑。同夜、政太郎、幸徳たちの遺体を落合火葬場まで送る。	政太郎39歳。 3月1日、赤羽巌穴、千葉監獄で獄死。政太郎、逸見斧吉とともに駆けつけ、通夜、葬儀の世話をする。 この頃から石川三四郎との親交が始まり、ふたり協力して、麻布霞町の渡辺家で日曜学校を始める。 また、石川三四郎、福田英子を通じて足尾鉱毒問題に関心を深め、田中正造の熱心な支援者となる。
○5月25日から大逆事件の検挙始まり、6月1日、幸徳秋水検挙。 ○8月22日、韓国併合。 ○10月、西川光二郎、転向の書『心懐語』を刊行して、運動から離脱。 ○11月3日、帝国在郷軍人会発会式。 ○12月6日、フランスの社会主義者、大逆事件に抗議してパリの日本大使館にデモ。 ○12月24日、堺利彦、売文社設立。	○3月29日、工場法（日本最初の労働立法）公布。 ○9月、平塚らいてうたち『青鞜』創刊。 ○12月31日、東京市電従業員六千余名同盟罷業、大みそかの夜、都内の交通杜絶。	○1月1日、中国で南京臨時政府成立。孫文、臨時大統領に就任。2月12日、清朝滅亡。2月13日、孫文、辞任。3月10日、袁世凱、臨時大統領に就任。 ○7月31日、天皇睦仁没。直ちに、皇太子嘉仁践祚。大正と改元される。 ○10月1日、大杉栄、荒畑寒村、『近代思想』創刊。 ○12月21日、第三次桂太郎内閣成立。

大正2年	大正3年	
政太郎40歳。 3月1日、石川三四郎、ヨーロッパへ旅立つ。政太郎夫妻、横浜港まで見送る。 3月12日、上京中、病いで倒れた田中正造を、福田英子の頼みで家に預かり、六泊させる。 5月下旬、福田狂二に誘われて、中国へ渡り、湖南省で、内戦に参加。9月中旬帰国して、横浜の幸内久太郎方に身を寄せる。村木源次郎と親しくなる。	政太郎41歳。 3月末、横浜から小石川区指ヶ谷町三番地に転居。 4月、滝野川の福田英子宅で辻潤と出会い、辻潤・伊藤野枝夫妻と親しくなる。 また、大杉らのサンジカリズム研究会に参加。アナルコ・サンジカリズムに共鳴。 10月、大杉を伊藤野枝に紹介する。 10月20日、臼倉甲子造兄弟と月刊『微光』発刊。	政太郎42歳。 3月初め、小石川区白山前町の古本屋「南天堂」の二階に移る。隣室に久板卯之助も住みつく。この頃、近藤憲二と出会い親
○2月11日、いわゆる「大正政変」で、桂内閣総辞職。山本権兵衛内閣成立。 ○7月、大杉栄、荒畑寒村、サンジカリズム研究会を始める。 ○9月4日、田中正造死去。それに先立つ8月24日、やよ、福田英子と正造を見舞う。 ○10月10日、袁世凱、正式に大統領就任。 ○11月5日、山本飼山自殺。 ○東北、北海道地方大凶作。	○1月22日、ジーメンス事件発覚。 ○1月末、堺利彦、『へちまの花』創刊。 ○2月10日、山本内閣弾劾の国民大会が日比谷公園で開かれ、騒擾化して軍隊出動。 ○3月24日、山本内閣総辞職、4月16日、第二次大隈重信内閣成立。 ○7月末、第一次世界大戦勃発。 ○9月9日、片山潜渡米。 ○10月、大杉たち『近代思想』廃刊。続いて「月刊平民新聞」発刊。	○1月15日、日本政府、中華民国の大統領袁世凱に、山東省のドイツの権利譲渡など二十一ヵ条の要求をつきつける。

年	渡辺政太郎	社会の動き
大正4年	しくなる。 6月、『微光』廃刊。その後、自宅で「家庭会」を始める。やがて「研究会」と名を変え、印刷工、時計工などの若い労働者が参加するようになる。 9月、関西から上京してきた和田久太郎の面倒をみる。 9月20日、『農民の福音』頒布の件で家宅捜索を受けて警視庁に拘引され、丸山鶴吉特別高等課長とやり合う。	○3月、「月刊平民新聞」、相次ぐ発禁で廃刊に追い込まれる。 ○9月1日、堺利彦の『へちまの花』、『新社会』と改題され、社会主義運動の重要な拠点となる。 ○10月1日、大杉、荒畑、第二次『近代思想』発刊。 ○11月10日、天皇、京都御所で即位礼。故新島襄、山室軍平、矢島揖子などキリスト教徒に初の叙位叙勲。
大正5年	政太郎43歳。 「研究会」盛況。近藤憲二、和田久太郎、北原龍雄、荒川義英、中村還一、高田公三、水沼辰夫などが常連となる。 11月、久板卯之助の『労働青年』の発刊を助ける。 12月、久板たちの協力を得て、自宅で「茶話会」を始める。	○2月、伊藤野枝編集の『青鞜』廃刊。 ○4月、野枝、辻潤と別れて、大杉栄に走る。 ○9月1日、工場法施行。十二歳未満の就業禁止などを実施。 ○11月9日、大杉栄、葉山の日蔭茶屋で神近市子に刺される。
大正6年	政太郎44歳。 2月～4月、衆議院選挙に立候補した堺利彦の運動員として働く。 4月20日投票。堺二十五票で落選。 9月5日、自宅で「実生活研究会」を開く。 9月中旬、小石川区指ヶ谷町九二番地に転居。 10月初旬から加藤時次郎経営の平民病院の院外雑役夫になり、平民病院のチラシ配りなどをする。病状次第に悪化。	○3月12日、ロシア二月革命。 ○3月27日、日本政府、閣議でロシア仮政府承認を決定。 ○4月16日、レーニン、亡命先のスイスからペトログラードへ帰還。 ○5月1日、山崎今朝弥邸でメーデー記念集会、ロシア革命支持を決議。 ○11月7日、ロシア十月革命、ソヴェト政権樹立。

大正7年 (1918)	政太郎45歳。 2月8日、普通選挙同盟会のビラまきで、堺利彦らと検束される。その後、病臥する日が多くなる。 3月15日、自宅で「社会主義研究会」再開。 4月7日、赤坂の福田狂二宅で開催された「露国革命記念会」の世話人になるが、政太郎は衰弱のため出席出来ず。 5月17日、午後6時半、政太郎永眠。19日、葬儀。 6月15日、渡辺家の研究会は「北風会」と名づけられ毎月二回続けられることになる。	○2月11日、憲法発布三十年祝賀国民大会が上野公園で開かれ、民衆と警官衝突。 ○7月31日、米価暴騰で各地の取引所立ち会い停止。 ○8月2日、政府、シベリア出兵を宣言。 ○8月3日、富山で米騒動起こり、各地に波及。9月中旬までに一道三府三十八県、参加者七十万人を超える大騒動に発展。 ○9月21日、寺内内閣総辞職。同月29日、原敬内閣成立。 ○10月、スペイン風邪大流行。死者十五万人にのぼる。
昭和4年	政太郎没後11年目。 5月1日、若林やよ、メーデーに出かける支度をしていて脳出血で倒れ、同月26日、港区広尾の済生会病院で死去。	○4月16日、前年の昭和3年3月15日の第一次共産党大検挙に続き、第二次共産党大検挙。

参考文献

新聞・雑誌

「週刊平民新聞」、週刊『直言』、『光』、『新紀元』、「週刊社会新聞」、「東京社会新聞」、「日刊平民新聞」、『社会主義』、『へちまの花』、『微光』、『新社会』、『青鞜』、『近代思想』

官憲記録

『社会主義者沿革』、『特別要視察人状勢一班』、『大杉栄の経歴及言動調査書』、『社会主義者無政府主義者人物研究資料』

関係者著作物

赤羽巌穴『農民の福音』（明治43年、自由活版社）、『嗚呼祖国』（明治35年、鳴皐書院）、『乱雲驚濤』（『明治文学全集』第84巻、明治社会主義文学集（二）、筑摩書房）、西川光二郎『富の圧制』（明治社会主義資料叢書（五）、新泉社）、添田唖蟬坊『唖蟬坊流生記』（唖蟬坊顕彰会編）、『田中正造全集』（岩波書店）、島田宗三『田中正造翁余録』（三一書房）、『大杉栄全集』（現代思潮社）、『伊藤野枝全集』（学芸書林）、『荒畑寒村著作集』（平凡社）、『江渡狄嶺選集』（家の光協会）、『片山潜自伝』（改造文庫）、『石川三四郎自叙伝』（理論社）、『山川均自伝』（岩波書店）、近藤憲二『一無政府主義者の回想』（平凡社）、吉川守圀『荊逆星霜史』（青木文庫）、山川菊栄『おんな二代の記』（平凡社）、平塚らいてう自伝『元始女性は太陽であった』（大月書店）、荒畑寒村編『社会主義伝道行商日記』（新泉社）、『福田英子書簡集』（ソオル社）、『辻潤著作集』（オリオン出版）、深沢岩十編『飼山遺稿』（大正3年、泰平館書店、昭和55年、湖北社復刻）、『橋浦時雄日記第一巻『冬の時代から』（雁思社）、和田久太郎『獄窓から』（黒色戦線社）、水沼辰夫『明治・大正期自立的労働運動の足跡』（JCA出版）、添田知道『演歌の明治大正史』（岩波新書）、片山潜『日本の労働運動』（岩波文庫）、鳥谷部陽太郎『大正畸人伝』（三土社）、西川文子自伝『平民社の女』（青山館）

研究書・伝記等

加藤善夫・望月百合子『渡辺政太郎・八代夫妻の生涯』（私家版、一九七九年）、加藤善夫「静岡三人組」（『思想の科学』、一九七八年8、9、10月号）、小池喜孝『平民社農場の人びと』（現代史出版会、一九八〇年）、藤田美実『明治的人間像』（筑摩書房、一九六八年）、中村勝範「赤羽一の生涯と思想」（『法学研究』、第39巻第9号）、松尾貞子「明治の社会主義者、赤羽巌穴の思想と行動」（『日本近代史研究』第7号、一九六四年）、神崎清『革命伝説』（芳賀書店、一九六八年）、大沢正道『大杉栄研究』（開成社、一九六八年）、柏木隆法『大逆事件と内山愚童』（JCA出版、一九八九年）、柏木隆法編『大逆事件の周辺』（論創社、一九八〇年）、絲屋寿雄『大逆事件』（三一書房、一九七〇年）、田中惣五郎『幸徳秋水』（三一書房、一九七一年）、秋山清『やさしき人々』（大和書房、一九八〇年）、同『近代の漂泊』（現代思潮社、一九七〇年）、同『大杉栄評伝』（思想の科学社、一九七六年）、岩崎呉夫『伊藤野枝伝』（七曜社、一九六四年）、井手文子『自由、それは私自身』（筑摩書房、一九七九年）、高木護『辻潤』（たいまつ社、一九七九年）、飛鳥井雅道『幸徳秋水』（岩波新書、一九六九年）、絲屋寿雄『管野すが』（岩波新書、一九七〇年）、村田静子『福田英子』（岩波新書、一九五九年）、林竹二『田中正造その生と戦いの「根本義」』（田畑書店、一九七七年）、同『田中正造の生涯』（講談社現代新書、一九七六年）、大河内一男『幸徳秋水と片山潜』（講談社現代新書、一九七六年）、鳥谷部陽之助『続・春汀、狄嶺をめぐる人々』（北の街社、一九七七年）、北沢文武『石川三四郎の思想と生涯』（鳩の森書房、一九七六年）、田中

英夫『ある離脱　明治社会主義者西川光二郎』（風媒社、一九八〇年）、しまね・きよし『明治社会主義者の転向』（東洋経済新報社、一九七六年）、向井孝『アナキズムとエスペラント』（JCA出版、一九八〇年）、成田龍一『加藤時次郎』（不二出版、一九八三年）、絲屋寿雄『日本社会主義運動思想史』（法政大学出版局、一九七九年）、菊池昌典『ロシヤ革命と日本人』（筑摩書房、一九七三年）、大江志乃夫『凩の時』（筑摩書房、一九八五年）

人名索引

（渡辺政太郎を除く）

ア行

カ行

サ行

タ行

ナ行

ハ行

マ行

ヤ行

ラ行

ワ行

多田茂治（ただ・しげはる）
1928年、福岡県小郡市生まれ。九州大学経済学部卒業。在学中『九州文学』『新日本文学会』に参加。新聞記者、週刊誌編集者を経て文筆業。主に日本近現代史にかかわるノンフィクション、伝記を執筆。
著書に『グラバー家の最期—日英のはざまで』（葦書房）、『内なるシベリア抑留体験—石原吉郎・鹿野武一・菅季治の戦後史』（社会思想社、のち文元社）、『夢野一族—杉山家三代の軌跡』（三一書房）、『石原吉郎「昭和」の旅』（作品社）、『満洲・重い鎖—牛島春子の昭和史』（弦書房）、『夢野久作と杉山一族』（同）など。2004年、『夢野久作読本』（弦書房）で第57回日本推理作家協会賞（評論の部）を受賞。
2020年5月没。

大正《たいしょう》アナキストの夢《ゆめ》——渡辺政太郎《わたなべまさたろう》とその時代《じだい》

2021年11月5日　初版第1刷発行

著　者　多田茂治《ただしげはる》

発行所　株式会社 皓星社
発行者　晴山生菜

〒101-0051　東京都千代田区神田神保町 3-10-601
電話：03-6272-9330　FAX：03-6272-9921
URL http://www.libro-koseisha.co.jp/
E-mail：book-order@libro-koseisha.co.jp
郵便振替　00130-6-24639

装丁・組版　藤巻亮一
印刷・製本　精文堂印刷株式会社

ISBN978-4-7744-0751-7　C0095